物流客户关系管理

（第 2 版）

田　雪　主编

中国财富出版社有限公司

图书在版编目（CIP）数据

物流客户关系管理 / 田雪主编 . -- 2 版 . -- 北京：中国财富出版社有限公司，2024.6. -- ISBN 978 - 7 - 5047 - 8182 - 6

Ⅰ. F253

中国国家版本馆 CIP 数据核字第 2024B55C61 号

策划编辑	黄正丽	**责任编辑**	刘 斐 郑泽叶	**版权编辑**	李 洋
责任印制	尚立业	**责任校对**	杨小静	**责任发行**	敬 东

出版发行	中国财富出版社有限公司		
社　　址	北京市丰台区南四环西路 188 号 5 区 20 楼	**邮政编码**	100070
电　　话	010 - 52227588 转 2098（发行部）	010 - 52227588 转 321（总编室）	
	010 - 52227566（24 小时读者服务）	010 - 52227588 转 305（质检部）	
网　　址	http: // www.cfpress.com.cn	**排　版**	宝蕾元
经　　销	新华书店	**印　刷**	北京九州迅驰传媒文化有限公司
书　　号	ISBN 978 - 7 - 5047 - 8182 - 6/F · 3686		
开　　本	787mm×1092mm　1/16	**版　次**	2024 年 7 月第 2 版
印　　张	10.5	**印　次**	2024 年 7 月第 1 次印刷
字　　数	224 千字	**定　价**	42.00 元

前　言

　　客户是企业的生命之源，为客户服务、满足客户的需求是企业的最终使命。在当今体验经济和网络经济并存的时代，客户的角色正发生着巨大的变化——客户正在从被动的交易者转变为积极的采购者、企业的合作者、企业能力的共同开发者和企业价值的共同创造者。基于此，客户关系管理已经成为企业管理中的重要手段。

　　随着服务经济和客户中心时代的来临，企业越来越重视与客户关系的紧密程度、与客户的互动水平、为客户创造的价值和服务的交付能力，并致力于提升客户的满意度和忠诚度，以期获得更高的客户价值和更多的客户资产。我国的物流企业在产业升级转型的大潮中，正在经历着客户关系主导下的深刻变革。

　　本教材注重理论与实践结合，将课堂教学和学生课外实践相结合，编写大量的案例，促进学生活学活用。本教材每一章的开头都编写了导入案例，以引起学生的思考和兴趣。每一章的主体内容中也安排了紧密结合上下文内容的案例，可以作为课堂讨论的题目。课后复习中的习题是针对章节内容的辨识性问题，帮助学生温故知新、举一反三；实训题目通过一定的情境设定，让学生主动参与，提升学生实践应用和认识社会的能力。在编者多年的教学经验中，实训作业可以作为小组作业，每组 4~6 人，每学期每个学生至少完成一个实训作业。在进行实训的时候，教师要注意小组成员中的男女比例，保证学生在社会实践中的安全，在学生完成小组作业的过程中要进行阶段性引导，帮助学生逐步提升理解题目、设计方案、实施方案、成果展示的能力。在成果的考核中要注意资料的真实性和完整性，注意评分标准的客观性，让学生作为评价主体参与其中会收到更好的效果。部分章节后附有案例阅读，一般篇幅较长，资料较为完善，可以作为学生的阶段性大作业。

　　感谢北京物资学院物流管理专业和北京师范大学珠海分校物流学院的学生和老师，

以及美国加利福尼亚州州立大学圣贝纳迪诺分校供应链管理专业的吴浩然教授，他们为编者提供了丰富的案例资源，并且提出了宝贵的建议。

由于编者水平所限，书中难免有不足之处，欢迎选用本书的广大读者提出批评和建议。

编　者

2024 年 4 月

目　录

第一章　物流客户关系管理概述

令人惊叹的 UPS

拥有 100 多年历史的 UPS（美国联合包裹运送服务公司），对消费者关系管理的概念有着它自己的定位。UPS 认为，最重要的是让已经拥有的消费者感到 100% 的满意。

每一天，UPS 在全球各地的天上地下，平均会有 1000 多万件大大小小的包裹在传递。作为 UPS 的消费者，你可以随时通过 UPS 查询包裹，UPS 会告诉你它在什么地方、处于什么样的状态。显然，这种业务运行的透明化是 UPS 获取消费者满意度的重要手段。

而在其背后则是不被消费者所知的、位于美国本土的世界上数一数二的巨大"动态数据处理中心"。每一个消费者的每一次交易都被记入了 UPS 自己建立的 ICRS 系统（国际消费者关系管理系统）。这些信息对 UPS 的服务有直接的指导作用。比如，在 ICRS 系统中发现，这个消费者是自己比较稳定的客户，那么 UPS 就会把一个与 UPS 直接连接的 PC（个人计算机）送上门去。这样，消费者以后每次寄东西就不用打电话了，打开电脑 5 分钟就解决了。对消费者来说很方便，而对 UPS 来说，这更是一种省力的管理手段，因为从一开始的原始信息就是数字化和规范化的。

这些消费者信息，同时支撑着 UPS 的一个"独门武器"——消费者贷款服务。货款的账期对不少中小企业来讲是很要命的一件事情。UPS 看到这个问题，就凭借自己大量的闲置资金和对消费者的了解程度，提供特别的服务。假如 A 公司在 UPS 内部被划定了很高的信用级别，UPS 就可以在收到货品，而 A 公司还没支付运费的时候，先掏钱付清货款。UPS 不仅把消费者紧紧地留在了身边，还多收到了一笔额外的贷款服务费，皆大欢喜，何乐而不为呢？甚至，UPS 还有自己控股的银行，许多消费者在资金方面的需求，UPS 都可以满足。而这一切都离不开 UPS 的 ICRS 系统的支持。

第一节 客户关系管理的发展

我国的物流企业在产业升级转型的大潮中，正在经历着客户关系主导下的深刻变革。

一、客户关系管理理论的发展

客户关系管理已经成为企业和学术界热议的焦点问题，但是客户关系管理并非一个全新的领域。

关于关系的观点相当久远，早期的商业贸易和商务往来大多是依靠关系来维系的，只是进入工业革命时期后，基于关系的营销观点跌入谷底。然而，随着市场和消费者的逐渐成熟，客户关系管理的重要性又重新得到了人们的认可。

（一）从交易营销到关系营销

关系营销出现在20世纪80年代，在此之前，营销理论以产品为中心，以交易或者交换为研究重点，着眼于单次交易活动收益最大化的交易营销。交易营销早期重点研究营销渠道的效率，后来消费者行为逐渐成为研究的中心，其中以4Ps（Product—产品，Price—价格，Promotion—推广，Place—渠道，Strategy—策略）营销组合为主要手段。

进入20世纪90年代，市场营销学理论发生了一些显著变化，其中影响最大的是"关系"范式的出现。关系营销以长期关系为导向，采取关系方法（Relationship Approach），注重新价值的创造和双方关系中的交互作用，以构建企业持久竞争优势。交易营销与关系营销的比较如表1-1所示。

表1-1　　　　　　　　　　交易营销与关系营销的比较

比较对象	交易营销	关系营销
资源流动性假设	完全，不存在专用资产	不完全，资产专用性
交易摩擦假设	交易各方无摩擦（总成本＝生产成本）	摩擦导致成本
时间范围假设	周期性（时滞性）	客户生命周期
关注焦点	销量、产品特性，很少强调客户服务、产品质量的提高	有利可图的客户挽留、客户价值，长期导向，关注密切的客户关系及关系质量的提升

（二）从关系营销到客户关系管理

客户关系管理的概念是基于关系营销产生的。关系营销有很多的相似名词，如数据库营销、直复营销、客户定制营销、大众定制营销或者是一对一营销。虽然名词不同，但是本质是相近的，都是以重点客户为中心，利用各种营销组合来维持和保有现在的客户关系，以获取客户终身价值，所以它们的内涵是极其相似的。

当关系营销构建在全面的管理网络与组织中，与客户建立长期的双赢关系，并且结合现代信息技术，利用客户数据进行存储、整合、分析和共享，以达到维系客户忠诚度和提升企业理论的目的时，关系营销就进入了客户关系管理的时代。

客户关系管理是一种战略方法，目的是提升企业价值，途径是开发和维持与关键客户和细分客户群体之间的关系。它将信息技术和关系营销整合在一起，构建和维持与客户的长期关系，客户关系管理可以被看成关系营销的一个特定阶段。

（三）客户关系管理研究的梳理与归纳

客户关系管理研究的发展历程共经历了三个阶段：第一阶段是20世纪80年代，关注的主要问题是识别和评估客户满意度并谋求其最大化；第二阶段是20世纪90年代早期至中期，研究重心转向了客户满意与主要客户行为的关系；第三阶段是最近出现的，关注的是客户满意、服务质量与利润的关系。实际上，上述发展历程体现了客户关系管理相关理论研究的关注重心从客户满意最大化向客户挽留最大化的转变。

实际上，客户关系管理（CRM）并不来自技术进步，而是营销管理的演变催生的结果。企业营销的重点正从客户需求逐步转移到客户保持上，并要求企业能够将适当的时间、资金、管理资源集中投入这部分的关键任务。CRM不断衍生的实施范例正反映了传统营销到关系营销的演变。

二、客户关系管理发展的原因

对于客户关系管理发展的原因，应该关注当下现实经济中存在的驱动因素，主要包括以下三个方面：客户资源价值的重视（管理理念的更新）、客户价值实现过程（需求的拉动）、技术的推动，如图1-1所示。

客户资源对企业的价值除了市场价值，即客户购买企业的产品和服务，使企业的价值得以实现，还体现在以下几个方面：①成本领先优势和规模优势；②市场价值和品牌优势；③信息价值；④网络化价值。

越来越多的企业要求提高营销和服务的自动化和科学化水平，这是客户关系管理需求的基础。

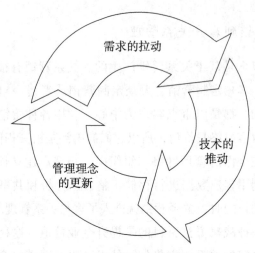

图 1-1　客户关系管理发展的原因

数据库、商业智能、知识发现等技术的发展使得收集、整理、加工和利用客户信息的质量大大提高。通过互联网，企业可开展营销活动，向客户销售产品，提供售后服务，收集客户信息。可见，计算机、通信技术的飞速发展使得客户价值实现过程不再停留在梦想阶段。

第二节　客户关系管理的定义

关于客户关系管理的定义，到现在也没有一个统一的认识，学者们主要从信息技术的角度、战略管理的角度和服务营销的角度给出了各自不同的看法。我们解读客户关系管理首先要从对客户和关系的认识上入手。

一、客户的定义和类型

客户是有不同类型的，并且不是所有的客户都能转化成关系客户，那么到底应该如何认识客户呢？

（一）谁是你的客户

谁是你的客户？对于这个问题，很多人的答案是显而易见的，即谁买我的服务或者产品谁就是我的客户。但是，实际上这个问题非常复杂。如何定义你的客户取决于你的战略眼光，也直接影响着你的客户关系管理的范围。

根据字典的解释，客户就是工商企业或经纪人对往来主顾的称呼。在交易营销中，只有当企业或者个人和商家发生具体的交易行为时才成为其客户。但是在客户关系的视角下，客户是一种动态的关系，货币、服务、产品、信息等都是有时间限制的，但是关系是永久存在的。即使交易没有发生，关系也是存在的。因此，要让客户感到企业时刻在关心着他们，随时准备支持和响应他们，而不仅仅是从他们的口袋里面掏钱。

从更广泛的意义上来看，我们所说的客户包括以下几类。

（1）消费客户。购买最终产品或服务的零散客户，通常是个人或家庭。

（2）B2B（企业对企业）客户。购买你的产品（或服务），并在其企业内部将你的产品附加到自己的产品上，再销售给其他企业以赢取利润或获得服务的客户。

（3）渠道商、分销商、代销商。不直接为你工作的个人或机构，此类客户购买你的产品用于销售，或成为该产品在该地区的代表、代理商。

（4）内部客户。企业（或相关企业）内部的个人或机构，需要利用企业的产品或服务来达到其商业目的。这类客户往往最容易被忽略，而随着时间的流逝，他们也是最能盈利的客户（潜在客户）。因为存在着内外部客户的互动循环，所以内部客户的满意程度直接决定了外部客户的满意程度。

（二）客户角色划分

在客户的购买过程中，存在不同的客户角色划分。例如，在给小孩子买奶粉的决策过程中，小孩子是奶粉的最终消费者，但是由于爷爷奶奶们"隔辈亲"，很可能是由老人家出钱来进行购买的，但是具体到买什么品牌的奶粉、到哪里去购买可能是由孩子的父母来决定的，而其他同龄孩子家长的选择可能会成为父母做出决定的重要参考。由此可见，一个简单的家庭购买决策存在着使用者、购买者、影响者和支付者的不同角色组合。当然，在很多情形下也存在着这几种决策角色统一的情况。

在企业客户购买过程中，这种决策的过程就更为复杂，不仅需要考察企业的具体需要，满足企业对于购买的关键指标的要求，还要满足购买过程中参与角色的不同人员的要求。同时，企业客户购买的决策程序和个体客户购买的决策程序也存在很多不同。例如，在个体客户的购买过程中，评估部分的主要标准是个体的信念、态度和意向等主观的因素；但是在企业客户的购买过程中，客观的评价指标和评价程序的作用相对较大。但是无论怎样，最终决定购买的还是人，所以关系的建立和维护至关重要。

（三）哪些客户可能成为你的关系客户

虽然从理论上来说，在任何企业和任何行业中都能够进行关系营销，但是在现实生活中，由于不同消费心理和消费习惯，有些客户（关系型客户）喜欢建立长久的关系，而另一些客户（交易型客户）则比较喜欢停留在交易营销的阶段。在那些喜欢建立长期客户关系的人群中，也存在主动性人群和被动性人群。主动关系型客户能够主动地通过各种渠道积极与企业建立联系，并产生良好的沟通。被动关系型客户不排斥企业通过各种渠道和他们建立联系，但是他们本身并没有强烈的意愿主动打破僵局，对于这类客户而言，如果得不到必要的企业信息，他们会将责任归咎于企业并且由此产生不满的情绪，因此这一类客户应该是客户关系管理的重点（见表1－2）。

表1－2　　　　　　　　　　　　交易型客户与关系型客户

客户类型		客户的期望与反应
交易型客户		交易型客户在可接受价格的前提下，寻求产品或服务，在购买过程中，他们并不喜欢与企业频繁接触
关系型客户	主动关系型客户	主动关系型客户时刻在寻找机会，与供应商或服务提供者接触，以获得额外的价值，企业若忽视这种接触，会导致客户的不满，因为他们会认为自己所珍视的关系消失了
	被动关系型客户	被动关系型客户会寻求他们所需要的信息，这些客户对接触也感兴趣，但却很少对企业建立关系的邀请做出回应

二、关系的定义和类型

虽然客户关系管理的概念深入人心，但是对于关系的解读并不多见，对于关系在东西方文化背景下的区别解读更是凤毛麟角。

（一）对关系的理解

对于企业与客户之间建立的关系，我们需要了解关系的定义是什么，明确关系的判断标准是什么。企业与客户之间的关系到底是否建立起来了、关系的质量如何，很多情况下不是企业能够决定的，这种判断主要是由客户做出的。

关系建立起来的主要判断标准包括客户的购买频率，如果客户持续购买企业的产品并且企业与客户的沟通是积极有效的，那么这种关系就是一个良性的互动。但是很多情况下，由于种种"约束"，如空间或者是技术的约束，客户尽管不情愿但还是持续购买企业的产品，这时候就出现了"关系假象"。除此之外，客户对于企业的共赢和相互需要的态度取向也是一种关系建立标准。

（二）关系的建立过程

关系的建立是一个循序渐进的过程，其主要阶段如图1－2所示。

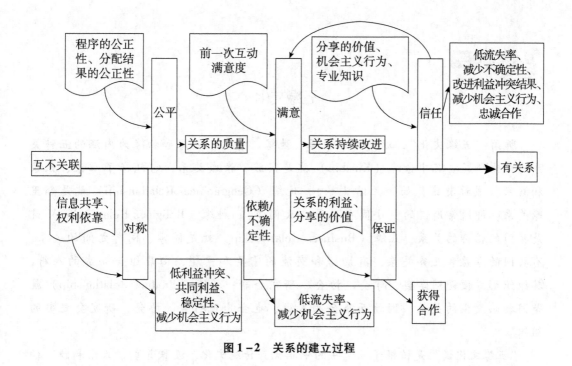

图1-2 关系的建立过程

(三) 传统文化背景下的关系

我国的传统文化背景下，企业应在主动沟通、互惠互利、承诺信任的关系营销原则的指导下，利用亲缘关系、地缘关系、业缘关系、文化习惯、偶发性习惯等与客户、分销商及其他组织和个人建立、保持并加强关系，通过互利交换及共同履行诺言，使有关各方实现各自的目的（见图1-3）。

图1-3 传统文化背景下的关系

 **案例阅读**

五缘文化

所谓"五缘文化"，就是对以亲缘、地缘、神缘、业缘和物缘为内涵的五种关系的文化研究。其中亲缘（Kinship）就是宗族、亲戚关系，它包括了血亲、姻亲和假亲（或称契亲，如金兰结义等）；地缘（Geographical Relationship）就是邻里等关系，即通常所说的"小同乡"和"大同乡"；神缘（Religious Relationship）就是共同的信仰的关系；业缘（Business Relationship）就是同学、同行之间的关系，有共同的利益和业务关系，有切磋和交流的需要和愿望，由此组合而成的人群，其组织形式便是同学会、学会、协会、研究会等；物缘（Product Relationship）就是因物而发生的关系，因物而集合的人群，也会出现行会、协会、研究会之类的组织。

"五缘文化说"是植根于五千年的中华优秀传统文化，汲取道家"六亲和睦"的观念，以儒家的"五伦"伦理为理论根据，结合改革开放以来的实践，立足现实，面向海外而创立的新理论，是华人、华侨史的一个社会学概括，也是沿海地区对外开放、发展地方经济的经验总结。恩格斯在《家庭、私有制和国家的起源》表示，历史中的决定因素，归根结底是直接生活的生产和再生产。但是，生产本身又有两种。一方面是生活资料即食物、衣服、住房等必需品的生产；另一方面是人类自身的生产，即种的繁衍。人类自身的繁衍产生了多种社会关系。

三、客户关系管理的内涵

（一）客户关系管理的含义

关于 CRM 的定义，不同机构有着不同的表述。最早提出该概念的 Gartnet Group（加德纳集团）认为，所谓的客户关系管理，就是为企业提供全方位的管理视角，赋予企业更完善的客户交流能力，最大化客户的收益率。Hurwitz Group（赫尔维茨集团）认为，CRM 的焦点是自动化，是改善与市场营销、客户服务和支持等领域的客户关系有关的商业流程。

随着信息技术革命的深入，IBM（国际商业机器公司）对 CRM 有了更深入的认知，客户关系管理包括企业识别、挑选、获取、发展和保持客户的整个商业过程，并将客户关系管理分为三类，即关系管理、流程管理和接入管理。

因此，CRM 既是一套原则制度，也是一套软件和技术，其核心思想是：客户是企业的一项重要资产。其含义可分为三层：①体现为企业管理的指导思想和理念；②是创新的企业管理模式和运营机制；③是企业管理中信息技术、软硬件系统集成的管理方法和解决方案的总和。CRM的目标是缩减销售周期和销售成本、增加收入、寻找扩展业务所需的新的市场和渠道，以及提高客户的价值、满意度、盈利性和忠实度。

（二）客户关系管理的类型

尽管CRM最初被定义为一种企业商务战略，但随着IT技术（信息技术）的参与，现已成为一种企业管理信息解决方案。CRM涵盖了直接销售、间接销售等所有的销售渠道，能帮助企业改善包括营销、客户服务和支持在内的有关客户关系的整个生命周期。为快速了解CRM的全貌，这里试图从以下几个角度对CRM进行分类梳理。

1. 按目标客户分类

（1）以全球企业或者大型企业为目标客户的企业级CRM。

（2）以200人以上、跨地区经营的企业为目标客户的中端CRM。

（3）以200人以下的企业为目标客户的中小企业CRM。

2. 按应用集成度分类

（1）CRM专项应用。以销售人员主导的企业与以店面交易为主的企业，在核心能力上是不同的。在启动专项应用时，应当考虑后续的发展，特别是对业务组件的扩展和基础信息的共享，选择合适的解决方案。

（2）CRM整合应用。由于CRM涵盖整个客户生命周期，涉及众多企业业务，因此，对于很多企业而言，必须实现多渠道、多部门、多业务的整合与协同，必须实现信息的同步与共享。

（3）CRM企业集成应用。对于信息化程度较高的企业而言，CRM与财务、ERP企业资源计划及群件产品等的集成应用是很重要的。

3. 按系统功能分类

（1）操作型CRM。用于自动的集成商业过程，包括营销自动化、客户服务与支持等业务流程。

（2）合作型CRM。用于同客户沟通所需手段的集成和自动化，主要有业务信息系统、联络中心管理和Web（网页）集成管理。

（3）分析型CRM。用于对商业过程和客户沟通产生的数据进行分析，为企业的战略、战术提供决策支持，包括数据库和知识库建设，以及依托管理信息系统的智能商业决策分析。

第三节　物流与客户关系管理

一、物流服务更依赖客户关系管理

对物流的计划、实施和控制并取得显著效果，可以使企业在竞争对手中脱颖而出，从而区别于其他供应商并创造价值、提高客户满意度，可见，物流是赢得竞争性优势的重要环节。这主要是因为物流服务具有其特殊性，具体表现在以下方面。

（1）无形性。

物流服务主要表现为活动形式，不物化在任何耐久的对象或出售的物品之中，不能作为物而离开消费者独立存在，客户在购买服务之前，无法看见、听见、触摸、嗅闻物流服务。企业提供物流服务之后，客户并未获得服务的物质所有权，而只是获得一种消费经历。

（2）不可储存性。

物流服务不可储存。物流企业为客户提供完服务之后，服务就立即消失。因此，购买劣质服务的客户通常无货可退，无法要求企业退款，而且企业也不可能像产品生产者那样，将淡季生产的产品储存起来在旺季出售，因而必须保持足够的生产能力，以便随时为客户服务。如果某个时期市场需求量低，物流企业的生产能力就无法得到充分利用；而在市场需求量超过生产能力时，物流企业就无法接待一部分客户，从而丧失一部分营业收入。当然，尽管物流服务容易消失，但物流企业可反复利用其服务设施，因此，物流企业要保持长久的销售量，最好的方法就是保持现有的老客户。

（3）差异性。

差异性是指物流服务的构成成分及其质量水平经常变化，很难统一界定。物流企业提供的服务不可能完全相同，同一位一线员工提供的服务也不可能始终如一。与产品生产企业相比，物流企业往往不易制定和执行服务质量标准、不易保证服务质量。例如，物流企业可以在工作手册中明确规定员工在某种服务场合的行为标准，但管理人员却很难预料有各种不同经历、性格特点、工作态度的员工在这一服务场合的实际行为方式，而且服务质量不仅与员工的服务态度和服务能力有关，也和客户有关，同样的服务对一部分客户来说是优质服务，对另一部分客户来说却可能是劣质服务。

（4）不可分离性。

有形产品可在生产和消费之间的一段时间内存在，并可作为产品在这段时间内流通，而物流服务却与之不同，它具有不可分离性，即物流服务的生产过程与消费过程同时进行。也就是说，企业员工提供物流服务于客户时，也正是客户消费服务的时刻，二者在时间上不可分离。由于物流服务本身不是一个具体的物品，而是一系列的活动或者说是过程，所以物流服务的过程也就是客户对服务的消费过程。正因为物流服务的不可分离性，其无须像产品那样经过分销渠道才能送到客户手中。物流企业往往将生产、消费场所融为一体，客户必须到服务场所才能接受服务，或者物流企业必须将服务送到客户手中，因此各个物流服务网点只能为某一个地区的消费者服务，所以物流网络的建设是物流企业管理人员必须做好的一项重要工作。

（5）从属性。

货主企业的物流是需要伴随商流的发生而发生的，是以商流为基础的，所以物流服务必须从属于货主企业物流系统，表现为流通货物的种类、流通时间、流通方式、配送方式都由货主决定。

（6）移动性和分散性。

物流服务是以分布广泛、不固定的客户为对象的，所以有移动性和分散性的特征，这会使产业局部的供需不平衡，也会给经营管理带来一定的难度。

（7）较强的需求波动性。

物流服务客户的需求在方式上和数量上是多变的，有较强的波动性，容易造成供需失衡，这是物流企业在经营上劳动效率低、费用高的重要原因。

（8）可替代性。

一般企业都可能具有自营运输、自营保管等自营物流的能力，使得物流服务在供给力方面有可替代性。

二、物流客户关系管理的意义

通过加强客户关系管理来提升企业的市场竞争能力是物流企业的必然选择。对于物流企业而言，客户关系管理意义如下。

1. CRM 是一种全新的营销观念

客户被当作一种宝贵的资源纳入企业的经营发展范围。在以前的经营管理中，客户信息几乎可以说是营销人员的个人信息，而 CRM 能够对历史信息进行回溯，并能够对未来趋势进行预测，真正实现企业与客户的实时互动。CRM 是一个真正建立在"客户准则"之上的营销理念，通过对市场、客户关系的管理，促进企业销售水平的增长和服务质量的提高，以增加企业的收入。

2. 共享客户信息

物流企业以往的做法是首先寻找潜在客户，然后不断地向这些潜在客户宣传自己的产品和服务，当对方产生了购买意向之后，便频繁地进行拜访，疏通关系，谈判价格，最后签订并执行合同，但是企业很可能遗忘这些极力争取到的客户，转而去寻找新的客户；而且由于企业的营销人员在不断地变动，客户也在变动，企业本来已经接触过的客户可能会被其他企业当作新客户来对待。这样不仅浪费企业的财力和物力，也不利于客户关系的维护。在现代市场经济中，CRM 强调对企业所有数据的集成，使得客户信息得以共享，进而使所有员工可以更有效地与客户交流。

3. CRM 使物流企业迎来全员营销时代

营销就是设计出满足客户需要的产品，而信息技术则可以满足企业在这方面的需求。信息技术，尤其是互联网技术支持市场营销的方式就是帮助企业营造一个以客户为中心的环境。在前端，营销人员必须共享知识，使每个人都能获得关于客户的完整视图；在后端，企业必须能够对客户需求迅速做出反应并传递销售承诺。尤其是电子商务的蓬勃发展，更是促进了企业与客户之间的动态交流。

4. CRM 促进企业组织变革

信息技术的突飞猛进在促进企业信息化的同时，也带来了企业内部重组。信息技术与企业管理紧密结合起来，能够提高企业运作效率，增强竞争优势，促进企业发展。现代企业管理系统中，财务是核心，后端有 ERP 等系统支持生产制造、供应流转，前端有 CRM，系统改善企业的销售和服务。

课后复习

习题

1. 既然客户关系管理的理念如此重要，企业为什么不在 50 年前就开始建立客户关系管理导向的战略？

2. 是不是所有类型的企业、所有发展阶段的企业都能够应用客户关系管理？

3. 对于客户，你是怎么理解的？

4. 物流客户关系管理未来会朝着什么方向发展？

5. 物流客户关系管理对企业的发展有哪些益处？

实训

不同类型企业的物流服务要求

1. 实训目的

帮助学生了解不同类型企业的物流服务要求有何不同。

2. 实训场景

不同类型企业对物流服务的要求是不同的，请在本地区内按照以下的企业类型，每一类型至少调查 5 家企业，了解它们对于物流服务的要求。通过调研了解还有什么重要的因素没有在表 1-3 中列示，给予补充。

表1-3　　　　　　　　　　　　物流企业所面对的客户服务要求

服务要求	百货公司	大型超市	小型超市	连锁店和便利商店	一般零售店和专卖店
样本数					
订货量					
小批量配送					
缺货率或者次品率					
配送时间					
商品品质					
7×24 全天候配送要求					
陈列要求					
流通加工要求					
在线订货系统					
专用票据要求					
其他					

3. 实训要求

通过与企业的实际接触，了解不同类型企业对物流服务的具体要求，进一步了解物流服务要素的构成以及其在不同行业的特殊性。

 案例阅读

DHL 如何成功应用 CRM

作为一家知名快递公司，DHL（敦豪航空货运公司）的网络遍布全球220个国家和地区，向各种客户提供他们所需的物流解决方案。DHL最早的业务是递送旧金山和夏威夷地区的海运提单，随后慢慢在日本和菲律宾打响了知名度，将公司的物流业务提升到了国际水准。经过多年的发展，DHL最终成为全球物流行业的龙头之一。

如今，DHL在全球220多个国家和地区设立了分支机构和网点，并配备了高素质的专业人员。在这些分支机构中，有2/3由DHL自己管理经营。因此，相比那些外包给第三方的同业竞争者，DHL有显著的优势。在任何国家，只要是DHL的业务能抵达的地方，几乎都有分支机构。这帮助DHL进一步缩短了运输时间，提高了订单处理的效率，也更容易进行货物及包裹追踪。目前，该公司有几百架飞机来执行快速运输任务，为超过几百万个客户提供高效、可靠的服务。除此之外，DHL也是一个CRM部署的成功案例。

1. DHL 与 CRM

鉴于自己的业务范围，DHL 需要根据其遍布全球的物流网络来选择一套创新的、具有成本效益的 CRM 解决方案，向员工提供一种全面的客户视角，帮助他们了解并满足每一位客户的需求。经过多番比较尝试，再加上来自欧洲和亚洲地区分支机构的反馈，以及评估解决方案的成本效益与灵活性，DHL 最终选择了 Salesforce. com 的 CRM 系统作为公司的 CRM 平台。

这套系统的选择为 DHL 在 CRM 方面的长期成功奠定了基础。相比之下，Salesforce. com 的解决方案为 DHL 提供了定制的优势，可以灵活满足客户的需求，而采用其他 CRM 解决方案则要耗费更多的实施时间。在6个月内，Salesforce. com 的解决方案在 DHL 全球公司中同步安装，并顺利集成到其他现有系统中，确保了数据控制的集中化。Salesforce. com 的 CRM 解决方案让 DHL 进一步缩短了实施时间，专注于客户需求，并持续为 DHL 的全球化经营贡献力量。

2. DHL 的 Partnership CARE 计划

DHL 所推出的 Partnership CARE（Customer Activation Resolution and Enhancement, 客户激活、确定与增进）计划提供了卓越的客户服务。该计划的主要目标是根据各客户公司的需要来提供适合的解决方案，向那些物流要求复杂的客户提供专家支持，并在整个客户关系周期中持续这一流程。在这套计划中，DHL 的每一支团队都向客户提供了单一的触点来进行相关服务，因此每一名 DHL 客户都能获得最全面的支持。Partnership CARE 计划不仅向 DHL 的客户输送了专业经验，还提高了客户满意度。通过这套计划，DHL 可以先评估客户的运输要求，然后制订相应的计划，提出能够满足客户需求的最佳运输服务方式，并确保对客户后续要求做出及时响应，让客户轻松接收 DHL 的运输解决方案。

第二章 关系营销

德迅公司客户关系管理

德迅公司（以下简称德迅）是全球领先的物流企业之一，也是规模巨大的货运代理公司。德迅目前在全球100多个国家超过1300多个地点拥有79000多名员工，从海运、空运、合同物流到陆路运输业务都处于领先的市场地位，并且全力专注于提供基于IT技术的综合物流解决方案。德迅（中国）货运代理有限公司总部设在上海，在我国很多大中型城市和港口城市拥有分支机构。

作为一家拥有"德国血统"和真正全球化网络的国际性瑞士企业，德迅专注于依托其强大的全球物流服务网络、领先的国际物流解决方案，结合数字化应用创新的深厚行业物流服务经验，助力中国的电商行业向全新高度攀升。德迅自1965年和1979年分别在中国香港和北京设立分支机构，凭借专业的物流知识，其业务得以迅速发展。

在客户资源方面，德迅具有以下两个特点。

（1）客户数量多、需求广。

德迅业务种类多，客户需求广。德迅集国内外先进经验为一体，从当地需求出发，领跑空运、海运、陆路运输，为中国客户量身定制综合的供应链解决方案。仅海运一项，德迅就在全球拥有1000多条海运航线。在全球范围内，来自各个行业的客户对不同的货物有着不同的运输需求，其中包括高安全性、温控、大型货物和特殊装载需求，而且客户的预算和服务要求也都不同。

（2）工作效率低下。

德迅的客户资料基本掌握在具体业务员手中，常常要找到具体的业务员才能了解客户资料。由于物流行业是一个新兴的产业，人才流动比较频繁，一个掌握了大量客户资料的员工如果中途离职，也许导致客户信息跟进的中断，甚至客户流失。同时，随着客户数量的逐步增多，已有的客户数据使用Excel录入，在数据整理、查看、检索方面显得尤为不便，不利于管理层展开工作。

可以看出，德迅很需要在客户关系管理方面有所突破。而客户关系管理正可以解决以上问题，帮助德迅把"以客户为本"真正地落在实处，有效地进行潜在客户的开发管理及客户忠诚度的管理，从而实现在客户关系管理方面的突破。

根据这些要求，德迅管理层决定选用客户关系管理系统有效管理客户资源，全面提高企业的营销能力。德迅在2018年正式上线了整合所有针对客户在线服务的集成平台myKN。该集成平台的一键登录访问将取代当前的控制中心（Control Center）设置。借此，客户得以在综合性服务界面上实现百分百的自助线上搜索、报价、订舱和追踪，以及货件和账户管理。myKN允许注册客户通过新近升级的德迅海运数字化平台SeaExplorer探索其他出货方案的可能性。借此，客户可以获得包括财务数据和机密文件等在内的详尽信息。它同时提供了不同的选项实现定制化的功能，以满足客户的个性化需求，这使myKN成为物流行业最集成的在线解决方案。myKN拓展了德迅的客户处理手段，加强了德迅员工对客户关系管理的意识，并体现出客户关系管理思想。

第一节　关系营销与客户关系管理

在大市场营销背景下，客户已成为现代企业非常重要的资源，并成为全球各大企业竞争的焦点。如何创造客户、拥有客户、留住客户、发展客户已成为当今企业市场营销的核心，并产生了关系营销与客户关系管理两大营销理论。

一、关系营销与客户关系管理概述

关系营销就是企业与消费者、供应商、分销商、竞争者、政府机构及其他公众在发生互动作用的过程中建立并发展长期的、互相信任的双赢关系。关系营销以客户需求为中心，不但将注意力集中于和客户的关系上，而且扩大了营销的视野，所涉及的关系包括企业与利益相关方之间发生的所有关系。关系营销的性质是公共的，是组织与个人或组织与组织之间的互动，是为了建立一种兼顾双方利益、稳定的战略合作伙伴关系，有利于资源的优化配置。

关系营销涵盖了企业内部、企业与竞争者、企业与客户、企业与供应商和企业与影响者五种基本关系。

企业内部关系指企业组织结构内部各组成要素之间的相互联系，是由企业与其内部成员之间因利益关系而构成的一种社会关系。企业内部结构可分为三个层次：从事企业基本活动的核心层、提供相关支持的辅助层、由股东构成的影响层。实施关系营销的目的是协调和促进企业内部所有员工之间、部门之间及企业与股东之间的关系。

凡是提供与本企业功能相近产品的生产企业都是竞争者。实施关系营销的目的是协同竞争，与竞争者合作，改善当前产业结构，协助市场开发，遏制其他企业进入，实现双方的互惠互利。

客户是企业的"上帝"，是企业盈利和发展的最终源泉，关系营销的目的不仅是争取客户，更重要的是保持原有的客户。应着眼于增加客户让渡价值，提高客户满意度，最终实现客户忠诚。

企业与供应商的关系应从对手关系转变为长期密切合作和互惠互利的关系。企业与供应商在产品开发、产品质量和后勤方面进行全面的沟通和合作，从而为客户带来成本更低、质量更加可靠、更具个性化的产品和服务。

影响者包括政府、各种金融和中介机构、社会团体、社会公众等。实施关系营销的目的是塑造企业形象、与政府和社区等建立良好的关系。

企业开展关系营销，必定要涉及怎样去开发客户资源、怎样去建立和维护与客户间的关系、怎样更好地去满足客户的需求这三个问题。因此，西方学者于20世纪80年代末、90年代初提出了客户关系管理（CRM）的概念。CRM是旨在改善企业与客户之间关系的新型管理体制，实施于企业的市场营销、服务与技术支持等与客户相关的领域。其目标是通过提供更快速和周到的优质服务吸引、保持更多的客户，通过对业务流程的全面管理来降低企业成本。

二、实施 CRM 对企业开展关系营销的意义

1. 从关系营销管理目标角度讲，有利于提高客户满意度和忠诚度

发现客户需求，满足需求并使客户满意，营造客户忠诚，构成了关系营销的三部曲。在后工业经济时代，客户选择空间及选择余地显著增大，客户需求呈现出个性化特征。只有优先满足客户需求的产品才能实现市场销售。因此，企业管理不得不从过去的产品导向转变为客户导向，只有快速响应并满足客户个性化与瞬息万变的需求，企业才能在激烈的市场竞争中得以生存与发展。标准化和规模化的生产方式不得不让位于多品种、小批量的生产方式，企业取得市场竞争优势最重要的手段不再是成本而是技术的持续创新，企业管理最重要的指标也从成本与利润转变为客户满意度。为了提升客户满意度，企业必须完整掌握客户信息，快速响应客户的个性化需求，提供便捷的购买渠道、良好的售后服务与经常性的客户关怀等。正是在这种提升客户满意度、营造客户忠诚的时代背景下，客户关系管理应运而生，并不断完善，客户关系管理系统也随着互联网技术的广泛应用而被推出。所以，实施客户关系管理有利于在关系营销中提升客户满意度，实现营造客户忠诚的目标。事实上，根据漏桶原理和二八定律，营造客户忠诚的客户关系管理可以简化为这样一个过程：建立关系—维持关系—增进关系，或者是吸引客户—留住客户—升级客户。这也是 CRM 的三级阶段的目标。

2. 从关系营销实际应用角度讲，有利于缩短客户响应时间，降低成本和提升整体效率

客户关系管理是对客户资料进行统一管理，并对关系营销中企业与客户发生的各

种关系进行全面管理，缩短客户响应时间，降低成本。

客户可以通过电话、传真、网络等访问企业，进行业务往来；任何与客户打交道的员工都能全面了解客户关系，根据客户需求进行交易，了解如何对客户进行纵向与横向销售，记录自己获得的客户信息；这种基于互联网和现代通信技术的交互操作，有利于企业对客户、产品、职能部门、地理区域等进行多维分析，积极、快速、有效地响应客户需求。更重要的是，与传统方法相比，其成本很低。通过实施客户关系管理，企业紧紧围绕"客户服务"这个核心组织生产与销售，运营整体效率也明显提升。

3. 从关系营销价值测定角度讲，有利于客户服务评价标准的建立

在关系营销中，"以客户为中心、营造客户忠诚、客户全面满意"，很大程度上取决于让渡价值。客户关系管理通过客户终身价值计算，在增加整体客户价值的同时，降低了整体客户成本，能够提供优于竞争者的客户服务，赢得客户忠诚。

（1）成本测定——客户分析。包括对客户盈利能力、客户维系成本、客户忠诚度、客户前景四个方面的分析。

①客户盈利能力：关系营销涉及吸引客户、保持并发展同客户的关系，其中心原则是创造真正的客户。这些客户不但自己愿意与企业建立长期的关系，而且能对企业进行义务宣传。客户关系管理系统从客户能力的购买需求、客户的增长潜力、客户固有的砍价能力、客户的价格敏感度等不同的方面，分析、挖掘出真正的客户，向最可能盈利的客户推销产品。

②客户维系成本：测定客户的维系率，即发生重复购买的客户比率；识别造成客户流失的各种原因，计算流失客户的比率；估算由于不必要的客户流失，企业将损失的利润；维系客户的成本只要小于损失的利润，企业就应当支付降低客户流失率的费用。

③客户忠诚度：指客户对某个产品或企业的忠实程度、持久性和变动情况等。

④客户前景：包括客户数量、类别等情况的未来发展趋势，争取客户的手段，等等。

（2）评价标准——客户份额。关系营销与客户关系管理都基于"以客户为中心"这一核心理念，客户的选择决定着一个企业的命运，因此，客户已成为当今企业非常重要的资源。唐佩泊和玛沙罗杰斯针对市场份额提出了客户份额的概念。

①以往对销售效果的测量是以特定时期内某一市场上发生交易的多少作为标准的；而现在则以在一定时期内和一定区域内所获得的客户份额的多少来衡量的。

②在客户份额中，销售收入＝使用人的数量×每个人的使用量，使用人的数量＝新客户＋原有客户×客户维系率。客户维系率是一个动态概念，用于说明企业在一段时间内的客户变化。关系营销的绩效体现在维持原有的客户，而不是靠吸引新客户来增加客户数量。

③希望提高客户份额的企业首先应了解客户有可能产生的潜在需求。关系营销是以客户份额所带来的长期利益衡量企业成败的，这一变化始于信息技术在企业营销计划与活动中的广泛应用。

第二节 关系营销的定义、本质特征和基本模式

一、关系营销的定义

关系营销是为了同客户和其他重要的"企业利益分享者"建立良好关系的一类营销，它找出高价值的客户和潜在客户并通过人性化的关怀使他们同企业产生"家庭式"的密切关系。企业竞争力提升的路径如图 2-1 所示。

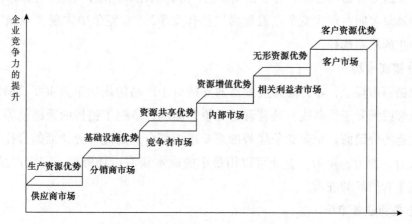

图 2-1 企业竞争力提升的路径

在关系营销概念里，一个企业必须处理好与下面六个子市场的关系。

1. 客户市场

客户是企业存在和发展的基础，市场竞争的实质是对客户的争夺。企业在争取新客户的同时，还必须重视留住老客户，培育和发展客户忠诚。通常，争取一位新客户所需的费用是留住一位老客户所需费用的数倍。企业可以通过数据库营销、发展会员关系等多种形式，更好地满足客户需求，增加客户信任，密切双方关系。

2. 供应商市场

任何一个企业都不可能独自解决自己生产所需的所有资源。在现实的资源交换过程中，资源的构成是多方面的，至少包含人、财、物、技术、信息等方面。与供应商的关系决定了企业所能获得的资源数量、质量及获得的速度。因此，企业与供应商必须结成紧密的合作网络，进行必要的资源交换。另外，企业在市场上的声誉也是部分来自与供应商所形成的关系。

3. 内部市场

内部营销起源于这样一个观念，即把员工看作企业内部市场中的客户，要想让外部客户满意，首先得让内部员工满意。只有工作满意的员工，才可能以更高的效率和效益为外部客户提供更加优质的服务，并最终让外部客户感到满意。内部市场不只是企业营销部门的营销人员和直接为外部客户提供服务的其他服务人员，它包括所有的企业员工。在为客户创造价值的生产过程中，任何一个环节的低效率或低质量都会影响最终的客户价值。

4. 竞争者市场

在竞争者市场上，企业营销活动的主要目的是争取与那些拥有同自己具有互补性资源的竞争者协作，实现知识的转移、资源的共享和更有效的利用价值。

企业与竞争者结成各种形式的战略联盟，通过与竞争者进行研发、原料采购、生产、销售渠道等方面的合作，可以相互分担，降低费用和风险，增强经营能力。

种种迹象表明，现代竞争已发展为"协作竞争"，在竞争中实现"双赢"的结果才是最理想的战略选择。

5. 分销商市场

在分销商市场上，零售商和批发商的支持对于产品的成功至关重要。销售渠道对现代企业来说无异于生命线，随着营销竞争的加剧，掌握了销售的通路就等于占领了市场。优秀的分销商是企业竞争优势的重要组成部分。通过与分销商的合作，利用分销商的人力、物力、财力，企业可以用最小的成本获取市场资源，完成产品的流通，并抑制竞争者产品的进入。

6. 相关利益者市场

金融机构、新闻媒体、政府、社区，以及消费者权益保护组织、环保组织等各种各样的社会团体，它们与企业都存在千丝万缕的联系，对于企业的生存和发展都会产生重要的影响。因此，企业有必要把它们作为一个市场来对待，并制定以公共关系为主要手段的营销策略。

二、关系营销的本质特征

关系营销的本质特征可以概括为以下几个方面。

1. 双向沟通

在关系营销中，沟通应该是双向的而非单向的。只有广泛的信息交流和信息共享，才能使企业赢得各个利益相关者的支持与合作。

2. 合作

一般而言，关系有两种基本状态，即对立和合作。只有通过合作才能实现协同，因此合作是"双赢"的基础。

3. 双赢

关系营销旨在通过合作增加关系各方的利益，而不是通过损害其中一方或多方的利益来增加其他各方的利益。

4. 亲密

关系能否得到稳定和发展，情感因素也起着重要作用。因此，关系营销不只是要实现物质利益的互惠，还必须让参与各方能从关系中获得情感的满足。

5. 控制

关系营销要求建立专门的部门，用以跟踪客户、分销商、供应商及营销系统中其他参与者的态度，由此了解关系的动态变化，及时采取措施消除关系中的不稳定因素和不利于关系各方利益共同增长的因素。

此外，通过有效的信息反馈，也有利于企业及时改进产品和服务，更好地满足市场需求。

三、关系营销的基本模式

1. 关系营销的中心——客户忠诚

客户需求满足与否的衡量标准是客户满意程度：满意的客户会给企业带来有形的好处（如重复购买该企业产品）和无形的好处（如宣传企业形象）。有营销学者提出了使客户全面满意的七个因素及其相互间的关系：欲望、感知绩效、期望、欲望一致、期望一致、属性满意、信息满意；欲望和感知绩效生成欲望一致，期望和感知绩效生成期望一致，然后生成属性满意和信息满意，最后实现全面满意。

期望和欲望与感知绩效的差异程度是产生满意感的来源，对此，企业可采取以下方法来取得客户满意：提供满意的产品和服务；提供附加利益；提供信息通道。

2. 关系营销的构成——梯度推进

贝瑞和帕拉苏拉曼归纳了三种建立客户价值的方法：一级关系营销（频繁市场营销或频率营销），维持关系的重要手段是利用价格刺激使目标公众增加财务利益；二级关系营销，在建立关系方面优于价格刺激，可增加社会利益，同时附加财务利益，主要形式是建立客户组织，包括建立正式的、非正式的俱乐部及客户协会等；三级关系营销，增加结构纽带，同时附加财务利益和社会利益。

3. 关系营销的模式——作用方程

企业不但面临着同行业竞争对手的威胁，而且在外部环境中还有潜在进入者和替代品的威胁，以及供应商和客户讨价还价的较量。企业营销的最终目标是使本企业在行业内部处于最佳状态，能够抗击或改变作用力。作用力是指决策的权利和行为的力量。营销方和被营销方的影响能力可用下列三个作用方程表示：营销方的作用力＜被营销方的作用力，营销方的作用力＝被营销方的作用力，营销方的作用力＞被营销方的作用力。引起作用力不等的原因是市场结构状态的不同和占有信息量的不对称。在竞争中，营销作用力强的一方起着主导作用；当双方势均力敌时，往往采取谈判的方式来影响或改变关系双方作用力的大小，从而使交易顺利进行。

第三节　关系营销的实施

一、五种不同类型的客户关系

基于信息技术的 CRM，首先要做的就是对客户关系进行初步确认，即从哪里着手去建立客户关系。所以，对于客户关系的理解在很大程度上影响了客户定位工作的开展。正确认识客户关系，要注意避免一些不正确的观念或者说是理解上的误区。

企业在具体的经营管理实践中，建立何种类型的客户关系，必须针对其产品的特性和对客户的定位来决定。菲利普·科特勒在研究中把企业建立的客户关系分为五种不同的类型，如表2-1所示。

表2-1　　　　　　　　　　　　五种不同类型的客户关系

类型	详细内容
基本型客户关系	这种关系是指企业销售人员把产品销售出去后，不再与客户接触
被动型客户关系	企业销售人员把产品销售出去后，鼓励消费者如果发现产品有问题时及时向企业反映
负责型客户关系	企业销售人员在产品售后不久，通过各种方式了解产品是否能达到消费者的预期，并且向客户收集有关改进的建议，以及对产品和服务的特殊要求，把得到的信息及时地反馈给企业，以便不断地改进产品
主动型客户关系	销售完成后，企业销售人员经常与客户沟通，不时地打电话与客户联系，让客户主动提出改进产品和服务使用的建议，或者向客户提供有关新产品的信息，促进新产品的销售
伙伴型客户关系	企业与客户持续合作，使客户能更有效地使用资金或帮助客户更好地使用产品，并按照客户的要求来设计新的产品

这五种类型之间并不具有简单的优劣对比或顺序，因为企业所采用的客户关系类型取决于其产品及客户的特征，不同企业甚至同一企业在对待不同客户时，都有可能采用不同的客户关系类型，因而企业在决定选择与客户建立和维系什么样的客户关系

时，通常并不会按照所谓的优劣或道德标准实施，而是会遵循经济社会的以利为主、量入为出的原则。

企业客户数量的增加给企业带来的影响大体可从两个方面去考虑：一是客户数量增加会使企业运营支出增加，这会影响企业的利润实现；二是企业在与客户沟通和服务过程中所获得的客户偏好等信息，以及在客户关系的维系与管理中所获得的知识具有规模效应，只有当客户数量增加时（甚至达到一定量之后），企业方可从与客户建立的关系之中获得某些隐性利益与优势，如某类细分市场客户的选择偏好、某些产品的使用知识、某个渠道的服务特征知识等。另外，客户服务也具有规模效应。因此，客户数量的绝对增加并不一定会导致企业客户关系管理上成本的增加，相反，它甚至可能带来企业竞争优势和核心能力的良性变化。

二、关系营销的层次理论

关系营销共分为以下三个层次。

1. 一级关系营销

一级关系营销是企业通过价格和其他财务上的价值让渡吸引客户与企业建立长期交易关系。例如，对那些频繁购买及按稳定数量购买的客户给予财务奖励。

2. 二级关系营销

当企业不但用财务上的价值让渡吸引客户，而且尽量了解单个客户的需要和愿望使服务个性化，以此来增加企业与客户的社会联系时，就进入了二级关系营销。二级关系营销的主要表现形式是建立客户俱乐部。

3. 三级关系营销

三级关系营销是企业和客户互相依赖，也就是说，双方是合作伙伴关系。在存在专用性资产和重复交易的条件下，放弃关系一方将会付出转移成本，关系的维持具有价值，从而形成"双边锁定"。良好的结构性关系将提高客户转向竞争者的机会成本，同时将增加客户脱离竞争者而转向本企业的利益。

关系营销的层次理论认为，一级关系营销是低层次的，尽管这种方式在消费者看来很有吸引力，但却很难创造持久的客户关系，因为竞争对手很快就会模仿，从而使企业失去优势。三级关系营销是高层次的，因为三级关系营销不仅是手段而且是营销哲学，双方的关系是互惠、稳定的，能给双方带来长期的价值，可以获得持久的竞争优势。二级关系营销是介于两者之间的层次。

三、关系营销的实施手段

企业与客户、竞争对手、供应商、分销商、政府机构等相关利益者的关系如何，直接影响企业营销的进程和效果，这就要求企业采取措施，建立、维持和发展与这些相关利益者长期的、密切的关系。关系营销的实施手段主要有以下几种。

1. 客户满意战略

客户满意是指客户在接受企业的产品或服务后，感到需求满足的状态，包括理念满意、行为满意、视听满意、产品满意和服务满意等多方面。客户满意所引发的对企业的忠诚度是企业最重要的资产，它不但能使企业赢得稳定的客户队伍，而且通过忠诚客户的采购示范与宣传，能使企业拥有一个极其广阔的生存空间。因此，企业在制订营销计划时，客户满意是必须考虑的因素之一。客户购买、使用商品或服务时的满意程度，是以构成客户满意度的各个因素来评价的。企业可通过客户满意调查，掌握客户需要、客户满意度及竞争对手的状况，了解企业本身经营的优缺点，同时，借助客户满意调查，加强企业与客户的沟通，找到企业与市场的互利点，使企业资源真正适应并满足客户的需要。在企业经营中，产品可以被竞争者模仿，而服务则具有特征化，不容易被模仿或取代，因而客户满意战略需要借助服务营销来实现。服务营销既是产品概念的延续，也是客户满意战略的实现手段，因此，服务营销的内容、形式都要与客户满意战略的要求相适应。这就要求企业在产品的售前、售中、售后及产品生命周期的各个时期采取相应的服务措施，并以服务质量为中心，施以全方位、全过程的控制，最终形成企业与客户之间长期的密切关系。这种关系是企业的生存之本，也是企业发展的原动力。

2. 开发客户数据库

企业为了满足客户的需要和欲望，更好地为客户服务，仅依靠传统的、间接性的市场调查得到的粗略的、非个性化的信息并不能满足关系营销的需要。开展关系营销，企业需要掌握每个客户的个性化信息，因此，企业需要建立详细的客户数据库。所谓客户数据库，主要是指企业通过采集和积累现在和潜在客户的各方面的信息，经过处理后利用计算机综合而成的有条理的数据库，然后在各种软件的支持下，为企业经营活动提供所需要的各种详细、准确的数据资料。通过对数据库所掌握资料的研究和分析，企业可以有效地选择目标客户群、了解客户的需要和欲望，为提高产品及服务的质量、价值和客户满意度进行正确的决策，为开展有针对性的关系营销提供准确依据。

3. 创立战略营销联盟

企业要在市场中取得一席之地，单凭自身的力量已远远不够，企业间应在平等的基础上组成战略营销联盟，建立互利互惠的合作关系。从国际上看，战略营销联盟的主要形式有：①合资，指联盟各方将各自不同的资源组合在一起，共同生产；②相互持股，即企业之间通过相互购买对方少量的股份而结成联盟；③合作营销，即企业之间通过谈判达成一项协议，共同营销某一产品；④虚拟公司，又称为技术联盟公司，主要是指为了新技术开发和把共同的新技术迅速推入市场而结成的企业间暂时的联盟形式。创立战略营销联盟的意义在于企业可以通过互补的生产要素发挥综合优势，既能创造出新的、更强大的生产力，又能建立广泛而有效的营销网络，从而为某一个企业在世界市场上同时推出同一款新产品提供可能。

4. 整合营销传播

整合营销传播是现代市场营销传播发展的最新趋势，它主张将广告、包装设计、企业识别系统等各种推广宣传工具进行整合，从与消费者沟通的本质上展开营销活动。

整合可以从横向和纵向两个方面进行。横向整合主要是对各种传播工具进行整合。由于依靠单一传播工具"单兵突击"是低效的，因而需要将各种传播工具合理地组合使用，以发挥整体传播优势。纵向整合主要表现为在不同的传播阶段，综合运用各种传播手段，产生协调一致、渐进加强的信息，并注意不同阶段的优先选择，以完成设定的传播目标。整合营销传播的最大特点在于"以一种声音说话"，即用多样化的营销传播手段，向消费者传递同一诉求，由于消费者"听见的是一种声音"，能够有效地接受企业所传播的信息，准确识别企业及其产品和服务。对于企业来说，这有助于实现传播资源的合理配置，使其能用相对低成本的投入产出高效益。在当今信息爆炸、媒体泛滥、商品趋同和消费市场多元化的社会环境中，整合营销传播给企业提供了一种全新有效的营销传播策略。

总之，关系营销以建立、发展企业与相关利益者的关系为市场营销的关键变量，把握了现代竞争的特点，揭示了当今企业市场营销中的主要矛盾，在一定程度上把握了中国经济变化的新趋势。关系营销作为对传统营销思想的一次革新，为企业提供了新的营销理论和方法。

课后复习

习题

1. 说出一家能够识别和说出你名字的公司；说出一家能够依据你的需求和价值进行区别对待的公司；说出一家能够容易和有趣地同你进行互动的公司；说出一家因为对你有所了解而转变了做法的公司。

2. 你是否同意以下说法。

（1）亲密的客户关系需要时间拉近距离。

（2）信任需要时间。

（3）越是个性化的接触越好。

（4）人们信任公司。

实训

如果你是老板，将要在校园里开一家面向学生的水果店，请问，你将如何应用关系营销的理论帮助你更好地销售？请给出具体方案。

案例阅读

通过关系营销案例来诠释关系营销。所谓关系营销，就是把营销活动看成一个企业与消费者、供应商、分销商、竞争者、政府机构及其他公众发生互动作用的过程，其核心是建立和发展与这些群体的良好关系。1985年，巴巴拉·本德·杰克逊提出了关系营销的概念，使人们对市场营销理论的研究迈上了一个新的台阶。近期查阅资料，发现关系营销的案例比理论的推出要早，这里摘录一则芬兰学者撰写的一本教材上介绍的中国古代关系营销案例。

在古代中国的一个村庄，有一个叫明华的年轻米商。加上他，村子里一共有6个米商。他整日坐在米店前等待客户的光临，但生意非常冷清。

一天，明华意识到他必须要了解一下乡亲们，了解他们的需求和愿望，而不是单纯地将米卖给那些来到店里的乡亲。他认识到，他必须要让乡亲们感到买他的米物有所值，而且比买其他几个米商的米都划算。于是，他决定对销售过程进行记录，记录下乡亲们的饮食习惯、订货周期和供货的最佳时机。进行市场调查时，明华首先开展走访调查，逐户询问下列问题：

（1）家庭中的人口总数；

（2）每天大米的消费量；

（3）家中存粮缸的容量。

针对所得到的资料，他向乡亲们承诺：

（1）免费送货；

（2）定期将乡亲们家中的米缸填满。

一个4口之家，每个人每天要吃2碗大米，这样，这个家庭一天的米的消费量是8碗。根据这个测算，明华发现，该家庭米缸的容量是60碗，这接近一袋米。

通过这种极有价值的记录，并推出新的服务，明华与乡亲建立起广泛而深入的关系。先是与他的老客户建立关系，然后逐步扩展到其他的乡亲。他的生意不断扩大，以至于不得不雇用他人来帮忙，一个人帮他记账，一个人帮他记录销售数据，一个人帮他进行柜台销售，还有两个人帮他送货。至于明华，他主要的职责就是与乡亲们不断地接触，搞好与大米批发商的关系，因为当时米是非常紧缺的，只有为数不多的大米生产者。最后，他的生意蒸蒸日上。

思考：

1. 明华所面临的市场状况是怎样的？

2. 案例中，明华是如何进行关系营销的？

3. 结合案例分析，关系营销有哪些关键点或者注意事项。

4. 现代的大米供应商能否采用同样的方法？如果可以，需要进行哪些改进？

第三章　客户满意度与客户忠诚度

BDP 在兼并风潮中屹立不倒就靠"关系营销"

当飞驰、环球捷运（AEI）这些中等规模的货代企业被 UPS、DHL 等大公司收入囊中时，BDP（百运达国际货运代理公司）作为一家不大的货代企业却安然地走出了兼并风潮，而且继续发展。那么它是如何做到的？让我们来分析一下。

关键所在是与大客户维系关系。在 BDP 位于美国费城的总部里，保存着一台"Royal"牌手动打字机，它见证了 BDP 从 1966 年开始的成长历程。当时，狄克·博尔特在一笔 1200 美元的贷款帮助下开设了 BDP。如今，这个家族企业的业务已遍布全球 140 个国家，年营业额约 950 万美元。当然，比起泛亚班拿这样的年营业额为 40 亿美元，也同样服务于化工领域的货代巨人来说，BDP 未免有点小巫见大巫。但正是由于维系并发展了与杜邦这类大客户的业务关系，BDP 才能够挺过并购风潮，而与之规模相当的其他一些公司，如飞驰、环球捷运等，均被 UPS、DHL 等大公司收入囊中。

提供各色服务，以增进感情联系。在 BDP 的总收入中，65% 来自化工行业。作为一家货代企业，BDP 的业务范围已远远超出基本的货代、中介等服务。BDP 下属的咨询公司 Centrx 与 BOC 气体公司签订了一项合同，帮助评估 BOC 从卡塔尔新建厂址运输液化氦气到亚洲客户的运输成本，BOC 希望 Centrx 不但能够测算出自己的运输成本，而且能够算出其他竞标生产企业的成本，结果让 BOC 非常满意。BDP 以前并没有与 BOC 有过业务往来，两家结缘完全是因为两家公司管理人员之间的个人关系。

BDP 的经理们认为与客户的私人关系非常重要，狄克·博尔特说过，在维系私人关系时，关键是要教育管理人员保持私人关系和私人服务，这样，如果某个客户遇到问题，就会对你说"来帮个忙"。

除了增加新客户，BDP 还扩展了对老客户的服务。多年以来，Rohm & Haas 一直把 BDP 作为在美国的海运代理，但最近，BDP 开始为其管理化工品的国际空运业务，并帮助其改进单证流转和其他业务的流程。

保持一定程度、一定方面的领先。对 BDP 来说，能够生存发展下来的另一个关键在于技术。BDP 通过电子传送方式向美国海关提交数据；BDP 与海运公司、空运公司建立 EDI（电子数据交换）系统，用于提单和订舱业务。BDP 的许多客户的系统迥异，BDP 希望提供一个统一的操作平台，能够管理全部国际货运业务。Xpedion 的一个组成部分是 BDP 客户网站，该网站已开通，主要向客户提供全球服务应用工具。

企业获取客户只是完成了客户关系管理的第一步，如果企业不能有效维持与客户的关系，那么获取的客户依然会流失，企业仍需要花费高昂的成本去获取新客户。

著名的快递公司联邦快递认为，虽然一个客户一个月只带来 1500 美元的收入，但是如果能有效维持与该客户的关系，假设在未来 10 年内该客户一直与联邦快递公司合作，那么这个客户可以为公司带来 $1500 \times 12 \times 10 = 180000$ 美元的收入。如果考虑到口碑效应，一个满意的、愿意和公司建立长期稳定关系的客户给公司带来的收益还要更多。

由此可见，企业必须有效测度客户关系，以便能够尽可能地维护与客户的关系，增加企业利润。而测度客户关系就必须关注客户满意度以及客户忠诚度。因此，本章主要介绍客户满意度、客户忠诚度以及客户满意度与客户忠诚度的关系等方面的内容。

第一节 物流客户满意度

企业的最终目的是提高利润，那么怎样才能提高企业的利润呢？这就需要满足客户的需求，提升客户的满意度，长期留住客户，进而提高企业的利润。那么什么是客户满意度？如何提升客户满意度呢？下面将对这些问题加以介绍。

一、物流客户满意度的概念

在物流活动中，客户满意度是指客户对所购买的产品和服务的满意程度，以及他们未来继续购买的可能性。

从本质上讲，客户满意度反映的是客户的一种心理状态，它来自客户对物流企业的某种产品或服务消费所产生的感受与自己的期望所进行的对比。也就是说，"满意"并不是一个绝对概念，而是一个相对概念。根据这个概念，客户满意度可用如下公式来表示：

$$C = b/a \tag{3-1}$$

式中：C——客户满意度；

b——客户的感知值；

a——客户的期望值。

客户满意与否取决于客户接受产品或服务的感知同客户在接受之前的期望相比较后的体验。通常情况下，客户的这种比较会出现三种感受，如图 3 - 1 所示。

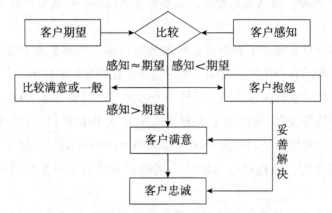

图3 - 1　客户感知与客户期望比较后的感受

（1）如果感知与期望相称，即 C 等于 1 或接近 1 时，一般会出现两种状态。一种是客户因实际情况与心理期望基本相符而表示"比较满意"；另一种是客户会因对整个购买决策过程没有留下特别印象而表示"一般"。所以，处于这种感受状态的客户很有可能重复同样的购买经历，也有可能选择该企业的竞争对手的产品或服务。

（2）如果感知结果超过期望，即 C 大于 1 时，这意味着客户获得了超过期望的满足感受，客户会十分满意或愉悦。其满意程度可以通过事后感知与事前期望之间的差异函数来测量。显然，感知超过期望越多，客户的满意程度就越高，而当感知远远超过期望时，满意就演变成忠诚。

（3）当感知低于期望时，即 C 小于 1 时，则客户会感到失望和不满意，甚至会产生抱怨或投诉，但如果对客户的抱怨采取积极措施妥善解决，就有可能使客户的不满意转化为满意，甚至令其成为忠诚的客户。

根据图 3 - 1，我们知道，对企业而言，若要实施"以客户满意为中心"的经营战略，就必须尽力消除客户满意度小于 1 的情况，即通过提高产品和服务相对于客户的价值来满足甚至超越客户的期望，这样才能预防和平息客户抱怨的发生。

二、物流客户满意度模型

客户满意度更多的是一种逻辑上的理性概念，难以用一个确定的数学公式来表示，但是依然可以找出影响客户满意度的主要因素。

客户满意理论既是构建客户满意度的理论基础，又是对测量结果进行分析的基础。客户满意度指数（CSI）模型旨在发现和确定影响客户满意度的因素，以及客户满意度和这些因素之间的作用机制。为了寻找客户满意度的影响因素，先来看一看是什么使客户产生了客户满意。对于这一问题，当前存在多种理论模型，本教材介绍美国客户满意度指数（ACSI）模型、卡诺（KANO）模型。

1. ACSI 模型

ACSI 模型是由国家整体满意度指数、部门满意度指数、行业满意度指数和企业满意度指数 4 个层次构成的，是目前体系最完整、应用效果最好的一个国家客户满意度模型。ACSI 模型结构如图 3 - 2 所示。

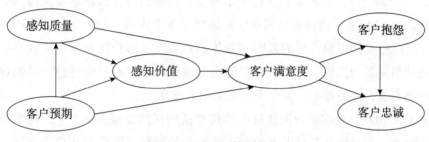

图 3 - 2　ACSI 模型结构

上述模型科学地利用了客户的消费认知过程，将总体满意度置于一个相互影响、相互关联的因果互动系统中。该模型可以解释消费经过与整体满意度之间的关系，并能指出满意度高低带来的后果，从而赋予了整体满意度前向预期的特性。ACSI 模型是由多个结构变量构成的因果关系模型，其数量关系通过多个方程计算经济学模型进行估计。

该模型共有 6 个结构变量，客户满意度是最终所求的目标变量，客户预期、感知质量和感知价值是客户满意度的原因变量，客户抱怨和客户忠诚则是客户满意度的结果变量。模型中 6 个结构变量的选取以客户行为理论为基础，每个结构变量又包含一个或多个观测变量，而观测变量则通过实际调查、收集数据得到。下面将对这 6 个结构变量做简要说明。

（1）客户预期。客户预期是指客户在购买和使用某种产品或服务之前对其质量的估计。客户预期来自以前的经验、广告宣传、他人的评价等，是以往产品质量水平的综合表现。决定客户预期的观测变量有 3 个：产品可靠性预期、产品客户化（产品符合个人特定需要）预期和对产品质量的总体预期。

产品可靠性预期是指客户对产品或服务的可靠性质量特性的期望。产品客户化预期是客户对产品或服务满足其特定需要的期望。对产品质量的总体预期是建立在可靠性期望、客户化预期基础上的对产品总的看法。

（2）感知质量。感知质量是指客户在使用产品或服务后对其质量的实际感受，包括对产品可靠性的感受、对产品客户化（符合个人特定需求程度）的感受和对产品质量总体的感受。

感知质量的 3 个观测指标与客户预期的三个观测指标相对应。

（3）感知价值。感知价值体现了客户在综合考量产品或服务的质量和价格以后对他们所得利益的主观感受。感知价值的观测变量有两个，即"给定价格条件下对质量的感受"和"给定质量条件下对价格的感受"。其中，客户在给定价格条件下对质量的感受是指客户以得到某种产品或服务所支付的价格为基准，通过评价该产品或服务质量的高低来判断其感知价值。

（4）客户满意度。客户满意度这个结构变量是通过计量经济学变换得到的客户满意度指数。ACSI 模型在构造客户满意度时选择了 3 个观测变量：实际感受同预期质量的差距、实际感受同理想产品的差距和总体满意程度。客户满意度主要取决于客户实际感受同预期质量的比较。同时，客户的实际感受同客户心目中理想产品的比较也会影响客户满意度，差距越小，客户满意度水平就越高。

（5）客户抱怨。决定客户抱怨这个结构变量的观测变量只有 1 个，即客户的正式或非正式抱怨。通过统计客户正式或非正式抱怨的次数可以得到客户抱怨这一结构变量的数值。

（6）客户忠诚。客户忠诚是模型中最终的因变量。它有两个观测变量，即客户重复购买的可能性和对价格变化的承受力。客户如果对某产品或服务感到满意，就会产生一定程度的忠诚，表现为对该产品或服务的重复购买或向其他客户推荐。

ACSI 模型认为：客户满意的三个原因变量（客户预期、感知质量和感知价值）、两个结果变量（客户抱怨和客户忠诚）和目标变量（客户满意度）之间存在着复杂的相关关系。该模型假定客户是理性的，即客户具有从以前的消费经历中学习的能力，而且能够据此预测未来的质量和价值水平。换句话说，客户具有足够的知识保证他们的预期能够正确地反映当前的产品和服务质量。如果产品和服务的感知质量超过客户的预期，那么客户就满意；如果产品和服务的感知质量没有达到客户的预期，那么客户就不满意。

2. 卡诺模型

卡诺模型是由日本著名质量管理大师狩野纪昭提出的，该模型中，他把产品和服务的质量分为 3 类：当然质量、期望质量和迷人质量。

（1）当然质量。

当然质量是指产品和服务应当具备的质量。对这类质量特性（如一本教材字迹应当清楚），客户通常不做表述，因为客户会认为这是产品和服务所必须提供的。如果客户认为这类质量特性的重要程度很高，即使企业在这类质量特性上做得很好，也不会显著增加客户的满意度；相反，客户认为这类质量特性的重要程度不高，但一旦企业在这类质量特性上做得不好，则会导致客户的严重不满。

（2）期望质量。

期望质量是指客户对产品或服务有具体要求的质量特性。这类质量特性上的重要程度与客户的满意程度同步增长。客户对产品或服务的这种质量特性的期望，以及企业在这种质量特性上的业绩都容易度量。因此，对这种质量特性的期望和满意程度的测评是竞争性分析的基础。

（3）迷人质量。

迷人质量是指产品或服务所具备的超越了客户期望的、客户没有想到的质量特性。这类质量特性（即使重要程度不高）能激起客户的购买欲望，使客户满意度显著增长。

从图 3 - 3 中可以知道，企业所提供的产品和服务必须保证当然质量，不断改进期望质量，积极开发迷人质量。当然，产品或服务的当然质量和迷人质量具有相对性。随着科技的进步、管理水平的提高以及客户需求和偏好的变化，产品或服务的期望质量可能会转化为当然质量，迷人质量也可能会转化为期望质量，甚至当然质量。

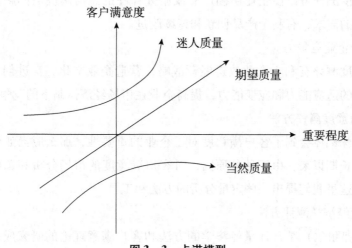

图 3 - 3　卡诺模型

在三类质量中，期望质量和客户满意度之间呈线性正相关关系，这种关系提供了目前各种客户满意度测评方法和模型的理论基础；而当然质量和迷人质量与客户满意度之间则为非线性正相关关系。对此，目前的各种客户满意度模型都无法给出令人信服的数学解释。统计工具中虽然有各种非线性回归的方法，但对当然质量和迷人质量与客户满意度之间的这种非线性关系的拟合效果并不理想。因此，卡诺模型所面临的挑战在于统计方法的创新。卡诺模型的缺点在于不能在客户满意度和企业的经营业绩之间建立直接的、可以量化的连接；也不能像 ACSI 模型那样能够建立起客户满意度、客户忠诚度及各个潜在测评指标的指数体系。

三、客户满意度测评意义与方法

1. 客户满意度测评对企业的意义

（1）调整企业经营战略，提高经营绩效。

通过客户满意度测评，企业可以尽快适应从"卖方"市场向"买方"市场的转变，意识到客户处于主导地位，确立"以客户为中心"的经营战略。在提高客户满意度、追求客户忠诚度的过程中显著提高经营绩效。

（2）塑造新型企业文化，提升员工整体素质。

外部客户满意度测评可以使员工了解客户对产品的需求和期望，了解竞争对手与本企业所处的地位，感受到客户对产品或服务的不满或抱怨，从而更能融入企业文化氛围，增强责任感。内部客户满意度测评使员工的需求和期望被企业管理层了解，可以建立更科学完善的激励机制和管理机制，最大限度地发挥员工的积极性和创造性。

（3）促进产品创新，有利于产品/服务的持续改进。

客户满意度测评可以使企业明确产品或服务存在的急需解决的问题，并识别客户隐含的、潜在的需求，有利于产品创新和持续改进。

（4）增强企业竞争力。

客户满意度测评有利于企业改进经营战略，营造企业文化，推进创新机制，能够显著增强企业的适应能力和应变能力，提高企业在市场经济体制下的竞争能力。

2. 客户满意度测评方法

我们已经深刻体会到了客户满意度对于企业的重要性，那么应当如何进行客户满意度测评呢？长期以来，由于种种原因，对客户满意度的市场分析和调研只停留在定性的层次上，这里我们提出一些定量分析的方法和工具。

（1）计量经济学测评方法。

Fornell（弗耐尔）结合计量经济学的方法和客户满意理论的研究成果，提出了客户满意度测评的计量经济学模型。该模型其实是一种多元线性回归模型，把客户满意度测评看作是一个具有多目标、多层次和多因素影响的复杂决策系统，把影响客户满意度的多个因素嵌入一个因果关系模型（如图 3-2 所示的 ACSI 模型），其中客户预期、感知质量与感知价值三个变量称为原因变量，客户抱怨与客户忠诚是两个结果变量，客户满意度是目标变量。

但上述六个变量都不能直接测量，故称为隐变量（结构变量），其中客户预期为外生变量，其余为内生变量。实际测评中需要对结构变量进行定义，直到形成一系列可以由客户直接测评的指标，即观测变量，从而构造出一个多变量、多层次的客户满意度测评指标体系，如表 3-1 所示。

表 3 - 1　　　　　　　　　　　客户满意度测评指标体系

结构变量	观测变量
客户预期 ξ	对产品质量的总体预期 x_1 对产品特色的预期 x_2 对产品功能的预期 x_3
感知质量 η_1	对产品质量的总体感知 y_1 对产品特色的感知 y_2 对产品功能的感知 y_3
感知价值 η_2	对价格价值比的感知 y_4
客户满意度 η_3	对产品质量的总体评价 y_5 对服务质量的总体评价 y_6
客户抱怨 η_4	正式或非正式抱怨的次数 y_7
客户忠诚 η_5	重复购买的可能性 y_8

结构变量之间的线性关系，可以用条件期望表示为：

$$E(\eta \mid \eta, \xi) = \beta\eta + \gamma\xi + \xi \tag{3-2}$$

结构变量间的关系表现如图 3 - 4 所示。

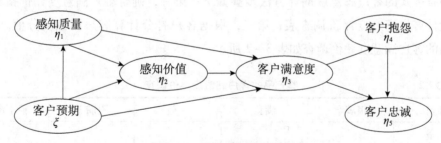

图 3 - 4　结构变量间的关系

结构变量与观测变量之间的线性关系，对于外生变量有：

$$X = W\xi + \delta \tag{3-3}$$

其中，W 为变量间影响程度的大小，δ 为偏差变量。

对于内生变量有：

$$Y = V\eta + \varepsilon \tag{3-4}$$

其中，V 为变量间影响程度的大小，ε 为偏差变量。

针对解决线性回归中比较棘手的多重共线性问题，该模型利用偏最小二乘法和 T 检验来预测回归系数。偏最小二乘法是一种多因变量对多自变量的回归建模方法，能够比较有效地解决回归变量之间的多重相关性问题。偏最小二乘法对样本分布没有特殊要求，小样本情况下利用该方法预测的结果比其他方法更合理。因此，可通过确定结构变量与观测变量之间的关系，进而得到各个结构变量对客户满意度的重要程度（也称为权重），最终求得总体客户满意度水平。

（2）P - E（认知 - 预期）模型测评方法。

基本模型：

$$SQ_i = \sum_{j=1}^{K} w_j(P_{ij} - E_{ij}) \tag{3-5}$$

式中：SQ_i——对于激励 i 的可视服务的总体服务质量满意度；

  K ——服务（产品）特性 j 的数目，即评价指标的个数；

  w_j ——特性 j 对 SQ_i 的权重，即评价指标 j 的权重；

  P_{ij} ——与特性 j 相关的激励 i 的可视行为，即客户对 j 的实际感受；

  E_{ij} ——与特性 j 相关的激励 i 的预期大小，即客户对 j 的预期感受。

认知 - 预期模型认为，在消费过程中或消费之后，客户会根据自己的期望及认知价值，评估产品和服务的实际效果。如果实际效果低于期望，客户就会不满；如果实际效果符合或超过期望，客户就会满意。即客户的满意度主要由认知价值和期望之差决定。

（3）调查表式的客户满意度测评方法。

调查表式的客户满意度测评方法步骤如下：第一，确定客户满意度评价指标；第二，设计客户满意度评价调查表；第三，根据客户打分计算客户满意度分值。例如，某产品的客户满意度评价调查如表3-2所示。

表 3-2   某产品的客户满意度评价调查

项目	很满意	满意	一般	不满意	很不满意
质量					
价格					
功能					
设计					
包装					

注：很满意=100分，满意=80分，一般=60分，不满意=40分，很不满意=20分。

每一项目的客户满意分值：

$$S_k = \frac{\sum n_i X_i}{N} \times 100\% \tag{3-6}$$

式中：S_k——每一项目的客户满意分值，k 表示项目；

  N ——抽样调查总人数；

$X_i \in \{100,80,60,40,20\}$，为客户满意档次分值；

n_i——打分为 X_i 的客户人数。

总客户满意度：

$$S = \sum W_k S_k \qquad (3-7)$$

式中：W_k——评价项目 S_k 的权重。

（4）主成分分析法。

主成分分析法是将多个指标转化为少数几个综合指标，而保持原指标大量信息的一种统计方法。它通过对影响总体目标的众多因素（指标）进行数据分析，求解原始指标的样本方差矩阵及该矩阵的特征根和特征向量。根据累计贡献率的大小提取几个新变量，代替原来的众多因素（指标），使得这些新变量既尽可能地反映原来变量的统计特性，又保持相互独立性，从而有效降低因素（指标）之间相关性的干扰。其中，提取的新变量必须是原变量的线性组合。选用主成分的方差贡献率作为各主成分的权重，然后结合各因子得分进行综合评价。

四、如何提高客户满意度

互联网的出现给企业提供了一种新的手段来管理客户关系。众所周知，只有那些对企业感到满意的客户才有可能成为企业的忠诚客户，而忠诚客户往往是现代市场竞争中各企业争夺的焦点。为了提高客户满意度，下面的几个问题应当特别注意。

1. 企业高层的努力

企业高层应亲自到现场去体会客户的感受，阅读客户的来信，接听并处理客户的抱怨电话，与客户交谈或通过电子邮件交换意见，这些都是经营管理者非常重要的工作。

2. 员工的积极态度

员工对企业经营活动的参与程度和积极性，在很大程度上影响着企业的客户满意度。美国西尔斯公司对零售行业的客户满意度分析和多年的经营实践证明：高素质的、充满活力和竞争力的员工队伍比好的硬件设施更能提高客户满意度，进而创造优异的业绩。对此，企业要为员工提供培训，提高其服务技术，授权员工做出有利于提高客户满意度的行为，并将此作为员工绩效评价的重要部分。

3. 努力提供优质的产品和服务

优质的产品和服务是维持客户关系最基础的层面，这方面不允许有任何贬值，企业为此需要建设质量保障体系。我们知道，如果产品质量出了问题，再好的售后服务也很难保障客户满意度。

4. 持续改进

今天满意的客户并不意味着永远满意，提高客户满意度是一个永恒的主题。网络的出现为中小企业提升客户满意度提供了机遇，过去，中小企业需要投入大量的、难以承受的资源提升客户满意度，现在则容易得多了。

5. 靠信息来加强客户管理

哈佛商学院的研究人员指出，企业历经千辛万苦获取的客户购买行为信息并不能用于指导公司的销售工作（因为这是两项不同的工作）。另外，公司内部任何一个部门的人员在某一类产品的销售上，建立了属于自己的数据库，他们往往会拒绝他人（即使是公司的内部人员也不例外）使用其数据库，他们会说，"不希望别人与我们的客户有所往来，因为这样会破坏我们与客户的关系，而且建立一个这样的数据库是要花费巨大的代价的，你不能无偿使用"。这些争端将会使企业的各个经营环节相互掣肘，最终将有损于公司的整体利益，因此，靠信息共享才能加强客户管理。

最后，我们还需强调一点：利用先进技术（通信技术、互联网技术等）只是提高客户满意度的一个方面。传统的一些留住客户的手段，如高质量的产品，周到的售前、售后服务，高素质的服务人员等，依然是企业争夺客户的撒手锏。

第二节　物流客户忠诚度

客户忠诚对于企业生存和发展的经济学意义是非常重要的：获得新客户需要付出成本，特别是在供过于求的市场态势下，这种成本将会越来越高，但新客户对于企业的贡献却是非常微薄的。相比之下，老客户（忠诚客户）给企业创造了80%以上的利润。同时，企业为老客户提供服务的成本是逐年下降的。更为重要的是，忠诚的客户会成为"传道者"，努力向其他人推荐企业的服务，并愿意为其所接受的服务支付较高的价格（溢价）。可以说，忠诚客户是企业竞争力重要的决定因素，更是企业长期利润最重要的源泉。维持客户忠诚是物流客户关系管理的核心任务。

一、客户忠诚概述

1. 客户忠诚的概念与内涵

所谓客户忠诚，是指客户长期锁定于你的企业，使用你的产品，并且在下一次购买类似产品时还会选择你的企业。

根据客户忠诚的概念，其内涵主要可以从以下两个方面来理解。

（1）态度取向。

态度取向代表了客户对企业产品积极取向的程度，也反映了客户将产品推荐给其他客户的意愿。客户忠诚是在企业的营销行为、品牌个性与消费者的生活方式、价值观念相吻合的情况下，消费者对企业或品牌产生情感，甚至引以为荣，并将它作为自己的精神寄托，进而表现出持续购买的欲望。

（2）行为重复。

行为重复是指消费者能持续购买某一企业产品的可能性，用客户购买产品的比例、购买的顺序、购买的可能性等指标衡量。这种持续的购买行为可能出自客户对企业产品的好感，也可能是因为购买冲动、企业的促销活动、客户转移成本过高或企业的市场垄断地位等与感情无关的因素。

客户忠诚必须是态度取向和行为重复的结合，只有其一，则不是真正的客户忠诚。

2. 客户忠诚的类别

根据客户忠诚的内涵，我们可以把客户忠诚分为以下几个类别。

（1）垄断忠诚。

这种客户忠诚源于产品或服务的垄断。一些企业在行业中处于垄断地位，在这种情况下，无论满意与否，客户都别无选择，只能长期使用这些企业的产品或其提供的服务。

（2）亲缘忠诚。

企业自己的雇员甚至雇员的亲属会义无反顾地使用该企业的产品或服务，这是一种很牢固的客户忠诚，但在很多情况下，这些客户对该产品或服务并非感到满意，甚至会产生抱怨。他们选择该产品或服务仅仅是因为他们属于这个企业，或是他们的亲属属于这个企业。这种忠诚称为亲缘忠诚。

（3）利益忠诚。

客户的这种忠诚来源于企业给予他们的额外利益，如价格刺激、促销政策激励等。有些客户属于价格敏感型，较低的价格对于他们有很大的诱惑力，因此在同类产品中，他们对于价格低的产品保持着一种忠诚。另外，一些企业，尤其是一些新进入市场的企业，在推广产品时会推出一些优惠政策，这些政策对很多客户有着巨大的诱惑力，因此在优惠期间，这些客户往往对这种产品保持着一种忠诚。但这类客户的忠诚是极其不稳定的，其有两种倾向：一种倾向是客户通过初期的使用慢慢对这一产品真正产生了兴趣，或是对该企业感到真正满意，这种忠诚就变得更加稳定和持久；另一种倾向则是一旦产品的价格上涨或是企业的优惠政策取消，这些客户就离开该企业，这种忠诚也就消失了。

（4）惰性忠诚。

有些客户出于方便的考虑或是因为惰性，会长期地保持一种忠诚，这种情形在一些服务行业中尤为突出。比如，很多人会长期而固定地在某家超市购物，原因仅仅是这家超市离客户家近；一些采购人员会选择固定的供货商，原因是他们已经熟悉该供货商的订货程序。我们将这种由于方便需求或是惰性而形成的忠诚称为惰性忠诚。

（5）信赖忠诚。

当客户对你的产品或服务感到满意，并逐步建立一种信赖关系后，他们往往会形成一种忠诚。这种忠诚不同于前面的几种，它是高可靠度、高持久性的。这一类型的忠诚客户可以看成企业的追随者和义务推销员，他们不仅个人对企业的产品或服务情有独钟，还会主动将他们的满意感受告诉亲朋好友，并向人们推荐企业的产品或服务。这类客户才是企业最为宝贵的资源，这类客户忠诚也正是企业最为渴求的。

（6）潜在忠诚。

潜在忠诚指客户虽然拥有但是还没有表现出来的忠诚。通常的情况是，客户可能很希望继续购买产品或是享受服务，但是企业的一些特殊规定或是一些额外的客观因素限制了客户的这种需求。因此，对这类客户，我们可以通过了解他们的特殊需要并以此对企业的策略进行适当的调整，将这种潜在忠诚转变为其他类型的忠诚，尤其是信赖忠诚。

二、客户忠诚的经济效益

客户忠诚给企业带来的经济效益在于它使企业获取更多的客户生涯价值，即从客户生命周期时间内获取更多的收入，而成本增加却很少，从而使企业获得更多的利润。国外研究表明，客户保持率每提高5%，客户的净现值增加35%～95%。客户忠诚给企业带来的经济效益体现在以下几个方面。

（1）节约争取新客户的成本。

客户不忠诚导致客户流失，企业就必须争取新的客户，从而增加新的成本和代价，而客户忠诚可以在很大程度上避免这种损失。

（2）产生基本利润。

基本利润是指企业平均每年从每个客户所获取的利润。客户保持时间越长，从客户所获取的利润也就越多。反之，失去一个客户，就意味着失去客户的基本利润，即失去客户的边际利润。

（3）增加客户份额，提高收入。

客户保持的时间越长，客户购买产品的数量就越多，同时客户还会购买相关产品，增加其他产品的收入，为企业提供多元化发展的机会。因此，客户保持的时间越长，企业从老客户那儿获得的收入越多，客户对企业的价值也就越大。

（4）节约服务成本。

研究发现，老客户的服务成本远远低于新客户的服务成本，因为老客户对企业的产品或服务非常了解，知道如何方便地从企业得到服务。因此，客户保持的时间越长，企业为老客户提供服务的成本也就越低。

（5）产生溢价。

研究表明，许多行业的老客户支付的价格比新客户支付的价格要高。新客户往往需要通过促销、价格优惠等措施来吸引，而老客户对企业的程序比较熟悉、对企业的产品比较了解，与企业的关系也比较密切，对价格不太敏感，一般不太计较产品的价格，因此老客户容易接受溢价，企业可以从中获取更多的利润。

（6）口碑推荐。

忠诚的客户经常向潜在的客户推荐企业的产品或服务，为企业带来更多的客户。特别是风险比较大的产品，客户在购买之前很难评估产品的质量，这时候忠诚客户的口碑十分重要，能起到很好的促进作用，远远胜过企业自身的广告。感到满意和愉悦的客户会告诉他的朋友、邻居和亲戚，使企业产生良好的口碑，给企业带来更多的业务。因此，客户保持的时间越长，忠诚客户越多，通过口碑为企业推荐的新客户就越多。

因此，客户忠诚度越高，客户保持的时间越长，企业获取的利润也就越高。

三、客户忠诚度的影响因素和评价方法

客户忠诚只是一个定性的指标，因此出现了客户忠诚度的概念。客户忠诚度是指客户在单位时间内对于企业产品、服务和品牌的"黏贴"程度，具体表现在产品/服务使用频率、客户推荐数量、推荐客户价值和"抵御"企业竞争对手的吸引等。客户忠诚度往往可以根据企业的实际情况进行量化评估。

1. 客户忠诚度的影响因素

（1）客户满意度。

客户满意度是理论界较早提出来用于解释客户忠诚度的一种理论，认为客户满意度是客户忠诚度的重要影响因素。客户越满意，重复购买的可能性越大。国外许多理论和实证研究都证实了客户满意度与客户忠诚度有正相关关系。其中，最具有代表性的是前面介绍的几种客户满意度模型。然而客户满意度并不等同于客户忠诚度，国外研究也表明，许多企业客户满意度高而忠诚度却很低。这就是客户满意陷阱，企业只有解决客户满意陷阱，才能形成长期的忠诚关系。

（2）客户服务。

客户服务是客户满意的一个重要影响因素，无论企业生产什么产品都需要为客户提供优质的服务，服务质量的好坏直接影响企业与客户的关系。通过客户服务发展客户的长期关系是企业提供差异化产品的手段之一，可以有效地提高市场的竞争力。产品可分为核心产品、形式产品和外延产品。如今，市场竞争激烈，产品同质化日益严重，企业在核心产品和形式产品上下功夫以区别竞争对手已十分困难，而为客户提供

超越期望的服务（外延产品）成为差异化策略的重要内容。例如，海尔为客户提供优异的服务，塑造了海尔的差异化品牌形象，使其在众多的国内外家电品牌的包围中脱颖而出，取得了市场的竞争优势。

（3）忠诚营销计划。

忠诚营销计划又称常客营销计划，是20世纪90年代以来一种新的营销趋势。忠诚营销计划通过价格优惠或其他措施鼓励客户进行重复购买，增加客户从一个品牌转移到另一品牌的转移成本，这种成本不仅包括费用成本，还包括心理上和时间上的成本。忠诚营销计划最典型的例子就是航空公司经常采用的里程回报计划，客户搭乘同一家航空公司的里程累积到规定的里程后，可得到一定的免费里程、升舱待遇、礼品等，以鼓励乘客忠诚。

（4）定制化。

定制化即"一对一营销"，指企业建立一种定制化的内部系统并根据客户的不同需求提供不同形式的规格产品，以满足他们的特定需求。定制化有以下四种基本形式。

①合作定制化。企业首先与客户进行沟通以了解他们的需求，确定什么样的产品能满足他们的需要，然后由企业与客户联合设计，最后由企业进行定制化生产。

②适应定制化。企业为客户提供标准产品，这种标准产品由标准化的部件和零件组成，客户可以根据自己的需要对企业产品进行组装，以符合他们的特定要求。

③形式定制化。企业为不同的客户提供不同形式的产品。例如，企业把产品销售给不同的销售渠道商时，根据他们的要求提供不同的包装、尺寸等。

④透明定制化。企业为每一位客户都提供独特的产品而没有告诉客户产品是特意为客户定制的。当客户不愿意重复他们的需要时，透明定制化效果极佳，也是非常有用的。亚马逊根据客户过去的购书记录，通过电子邮件为客户提供定制化的书目推荐就是一个很好的例子。

不同的客户有不同的需要，对产品的具体要求不同，利益关心点也不同，这是传统营销所无法满足的。定制化让客户感到企业关心他们，企业专门为他们开发符合他们需求的产品。定制化比传统营销方法更容易获得客户的满意和忠诚，企业与客户建立起的关系也更长久。

2. 客户忠诚度的评价方法

对客户忠诚度的评价可以从两个方面入手：一个是客观可量化的指标，这里我们采用客户对该企业的消费额占其消费总额的比例；另一个是客户的主观忠诚度指标。具体可采用如下步骤。

（1）明确影响因素和评价指标。

首先要明确哪些因素真正对客户的忠诚度有影响，可以作为必要的评价指标。这一步至关重要，评价指标的选定对评价结果有重要的影响。

（2）对影响因素进行分类。

可以量化的影响因素，如购买量、购物时间等，归为客观因素；那些主观性很强的影响因素，如客户对价格、服务、产品质量等的要求，则归为主观因素。

（3）计算客户忠诚度的客观值。

计算方法：

$$S_i = \frac{S'_i}{S_{i0}} \tag{3-8}$$

$$I = \frac{\sum S_i}{N} \tag{3-9}$$

式中：S'_i——第 i 种因素客户分配给本企业的权重；

S_{i0}——第 i 种因素客户消费的总权重；

S_i——第 i 种因素所占的比重，$0 < S_i < 1$；

N——因素的数目；

I——客户忠诚度的客观值。

（4）计算客户忠诚度的主观值。

这一步主要通过调查问卷进行。运用主成分分析法对主观值进行分析，具体过程如下。假设影响客户忠诚度的主观因素从以下权益来考虑。

①价格，客户对产品或服务的价格要求。

②质量，客户对产品或服务的质量要求。

③服务，客户对产品或服务的服务要求。

每种权益下又有许多具体属性，如图 3－5 所示。我们可以利用统计软件进行主成分分析，得出属性层次上的各因素对客户忠诚度的权重大小 C_i，然后由各因素的标准化值和对应权重进行加权平均，得出客户忠诚度。

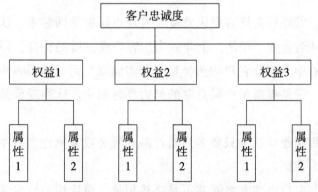

图 3－5　主观忠诚度评价体系

各因素的标准化值由下面的公式确定：

$$DC_i = \frac{X_i}{X_{max}} \times 100 \tag{3-10}$$

式中：X_i ——因素 C_i 各种情况的实际值；

　　　X_{max} ——因素 C_i 各种情况实际值中的最大值；

　　　DC_i ——各权益中因素 C_i 的标准化值。

这样，客户忠诚度的主观值就由下列公式确认：

$$M = \sum_{i=1}^{n} DC_i \times C_i \tag{3-11}$$

从而可以确定：

$$客户忠诚度的评价值 = xM + (1-x) I \tag{3-12}$$

式中：x ——主观因素所占比重；

　　　I ——客户忠诚度的客观值；

　　　M ——客户忠诚度的主观值。

第三节　客户满意度与客户忠诚度的关系

前面说过，客户忠诚度和满意度有着千丝万缕的联系，那么你会怎么回答下面几个问题？

第一，"满意"等于"忠诚"吗？

第二，"满意"一定带来"忠诚"吗？

第三，"不满意"一定导致"不忠诚"吗？

一、客户满意度与客户忠诚度关系的三个误区

通常情况下，管理层会把客户满意度与客户忠诚度等同起来，认为满意的客户自然会忠诚于品牌或者企业。于是，企业致力于客户满意度的提高，但是，又往往在看到客户满意度调查中大部分客户的选择是"基本满意"后，觉得客户忠诚度也达到令人满意的程度了，于是提高客户满意度的努力戛然而止。这种现象是由以下几个认识上的误区造成的。

误区一：管理层通常认为只要客户对产品和服务没有抱怨，基本满意，那么客户忠诚度自然也就有保证。

客户满意度与客户忠诚度之间并不是必然相关，而且相关性也并不是简单的正相关关系。客户满意度能够代表客户对以往消费的信心和认可，但是，不能保证客户不

会选择其他企业的产品。客户满意度只是客户忠诚度的基础，但并不是充分条件。例如，在银行信用卡市场上，大部分银行的产品和服务具有高度类似性。客户对于信用卡产品和服务的满意程度更多地取决于哪个银行的服务更加体贴，对信用卡产品和服务只表示基本满意的客户不一定会成为忠实客户。

误区二：客户满意度的管理投入随着客户满意度的提高而上升，因此，追求客户完全满意会降低企业灵活性。

客户满意度是企业努力进行关系管理的结果。为了减少失误、提高产品和服务的质量，企业需要投入大量资源进行管理。但是，究竟客户满意度要达到什么程度才能够使企业实现最有效的资源利用？增加投入会提高客户满意的范围和深度；追求让客户完全满意尽管会给企业带来压力，但是回报也是巨大的，不但不会降低企业的灵活性，反而会有利于企业基业长青。

误区三：客户忠诚度到了一定的程度，无论客户满意度如何提高，客户忠诚度也不会有所增加。

客户忠诚度是极其敏感的变量，任何改变都会影响客户忠诚度的系数。客户忠诚度是一种非常脆弱的态度，任何因素都会成为负面诱因，只有客户满意度不断提高，才能保证客户忠诚度的稳定。

走出以上三个误区，就可以清晰地看到：一般的客户满意度并不能保证客户忠诚度的稳定和提高，但是，客户忠诚度的提高必须以客户满意度不断提高作为基础。

二、客户满意陷阱

1. 客户满意陷阱的含义

许多企业采取大量的措施提高客户满意度，希望借此提高客户忠诚度。但是实践和研究发现，客户满意度并不等于客户忠诚度，许多行业存在着高满意度、低忠诚度的现象，这就是所谓的客户满意陷阱。

2. 客户满意陷阱的成因

（1）基于客户感知理论的客户满意陷阱的产生。

客户满意度和客户忠诚度之间通常存在着如图 3 - 6 所示的关系。

从图 3 - 6 可以看出，客户满意度和客户忠诚度关系曲线上有一段较为平缓，即客户满意度的提高并没有使客户忠诚度得到相应的提高，直到客户满意度持续了较长的时间后，客户的满意度和客户的忠诚度才呈现出近似线性的特征，即客户忠诚度会随着客户满意度的提高而迅速提高。客户感知理论认为，前一阶段客户的感知为基本满意，而后一阶段客户的感知为超级满意（也称完全满意），只有超级满意才会产生客户忠诚；如果客户不能持续地感觉满意，就会发生购买转移，这就形成了客户满意陷阱。

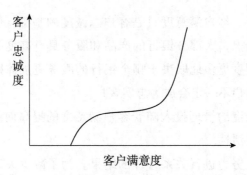

图3-6　客户满意度和客户忠诚度之间的关系

也就是说，只有持续的客户满意才能形成超级满意，才等于客户忠诚。

（2）基于双因素理论的客户满意陷阱的产生。

双因素理论认为，客户的期望由基本期望和潜在期望两部分组成，因此客户满意存在两种类型：基本期望得到满足形成的满意和潜在期望得到满足形成的满意。基本期望是指客户认为理应从产品和服务中得到的基本需要，属于保健因素，得不到满足就会产生不满意，而得到了满足也不会产生超级满意；潜在期望是指超出基本期望的、客户并未意识到而又确实存在的需要，属于激励因素，得不到满足也不会产生不满意，而得到了满足就会产生超级满意，经多次购买、多次感到愉悦之后，逐步形成客户忠诚。那些感到满意却流失的客户很可能只是对基本期望感到满意，并没有在潜在期望上感到满意，这就是客户满意陷阱的成因。这种理论其实与卡诺模型是一致的。

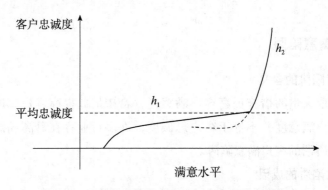

图3-7　两种期望的满意水平与客户忠诚度的关系
注：h_1——基本期望满意水平与客户忠诚度的关系曲线；h_2——潜在期望满意水平与客户忠诚度的关系曲线。

从图3-7可以看到，基本期望满意水平对客户忠诚度是边际递减的，再怎么满意，其忠诚度也只是在平均忠诚度之下；而潜在期望满意水平对客户忠诚度的边际效用是递增的，很容易形成明显的客户忠诚。只有在满足了客户基本期望的基础上，再关注客户潜在期望的满足，才能解决客户满意陷阱的问题。

（3）市场竞争对客户满意度与客户忠诚度关系的影响。

美国学者研究发现：客户满意度与客户忠诚度之间的关系受市场竞争程度的影响，

如图3-8所示。从图3-8中可以看到，在市场竞争激烈的高度竞争区域，只有客户满意度达到较高的水平，客户才有可能形成忠诚；相反，在低度竞争区域，即使客户不满意，也会有较高的客户忠诚度。

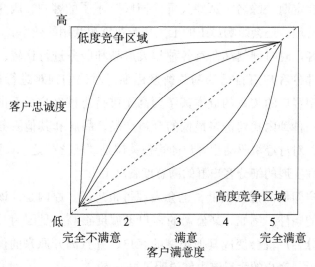

图3-8 市场竞争对客户满意度与客户忠诚度关系的影响

市场竞争激烈意味着在这一市场上有多家企业参与竞争，客户拥有多种选择的机会，因此，一旦对某企业的产品或者服务感到不满或者没有高度满意，那么客户就可以更换供应商，选择其他企业。相反，市场竞争程度低意味着市场上只有少数几家企业能够提供类似的产品或者服务，同时有许多客户需要此类产品和服务，那么对客户而言，其选择余地很小，客户会保持"忠诚"，美国学者将此类忠诚称为"虚假忠诚"，因为一旦转移成本降低或者有新的竞争者进入该市场，客户忠诚度就会急剧下降。

三、客户满意度管理

既然客户忠诚度对企业有重大的实际意义，那么进行客户满意度管理就是针对客户忠诚度提高的重要战略，战略目标是尽可能地将消费者转变成因为感到高度满意，而忠诚于本产品和服务的客户。

客户满意度管理首先要基于消费者的态度，将客户分为四种类型：拥护者、怀疑者、经济驱动型客户和被迫锁定客户。

拥护者是企业开展业务的坚实基础。拥护者的驱动力是高度满意。拥护者不仅是稳定销售额的来源，也是进行市场份额扩大的核心层，对于拥护者，管理的关键是懂得"追加"的艺术。在现代信息技术的帮助下，企业可以更准确地把握客户的消费行为。例如，银行、零售企业、航空公司、旅行社、汽车销售公司等都可以拥有详尽的客户消费数据。根据消费次数与消费量的综合记录，企业给予的鼓励也相应升级，使拥护者升级为忠诚客户，建立长久的关系。

怀疑者是企业面临的一种挑战。怀疑者对产品和服务产生不满的原因很多，如有些人的需求与企业的资源不匹配。因此，管理怀疑者客户群的关键是懂得"放弃"。例如，某航空公司会定期"除名"那些公司"伺候"不了的客户，因为这些客户不仅不能参与互动关系管理，还会影响员工的士气和企业资源利用的效率。

经济驱动型客户时时刻刻都在对各种相关产品和服务进行比较，寻找最物美价廉的解决方案。这部分客户有自己的利益衡量标准，对他们很难进行标准的客户管理。维持与经济驱动型客户的关系的成本甚至要高于维持忠诚客户关系的成本。例如，网上购物者可以在一秒钟内找到价格最低的合适产品，品牌和其他服务已经不能吸引这部分客户。因此，对待经济驱动型客户的管理关键是"听之任之"，主要精力放在能够给企业带来实质性发展的细分客户群的满意度管理上。

被迫锁定客户即便满意度极低，也会表现得很忠诚。原因是，该客户群体没有自由选择或者转换的条件。例如，某公司的客户忠诚度很高，是因为其垄断地位，一旦垄断打破，这部分客户就会变成其他类型的客户，并且离开原来的供应商。美国贝尔公司在被分拆之后，客户的大量流失就说明了这一点。

客户满意度与客户忠诚度彼此独立，一般程度的满意度对客户的忠诚度积极意义不大，只有当客户达到非常满意、完全满意的程度，客户才会表现出较高而且较为稳定的忠诚度。客户满意度管理的战略意义也就在于此。

课后复习

习题

1. 什么是客户满意度？比较一下 ACSI 模型和卡诺模型的异同。

2. 如何理解客户忠诚的内涵？客户忠诚有哪些类型？

3. 客户满意度与客户忠诚度具有什么样的关系？客户满意陷阱是如何形成的？

4. 选择自己比较熟悉的企业或商家，分析其客户关系状况，并试着为该企业或商家制订提高客户忠诚度的计划。

实训

客户满意度调查

1. 实训目的

了解客户满意度调查的基本操作，理解并应用客户满意度的模型，学会撰写客户满意度调查报告。

2. **实训场景**

假设你是一名专业的管理咨询人员，现接受相关管理部门的委托，对网络购物中的快递服务进行客户满意度调查，并给出相应的管理建议。

3. **实训要求**

针对当前网络购物中频频出现的快递服务质量不高问题，制订一个针对网络购物客户的快递服务满意度调查方案，并实施调查，提交最终方案。

时间：2 周左右。

形式：小组作业，调查为主。

成果形式：提交调查报告并进行演讲展示。

第四章　客户生命周期及客户终身价值

亚马逊的 Amazon Prime 客户忠诚项目

如果你仔细分析亚马逊成功的原因就会发现，实惠的价格和充足的商品不过是冰山一角。亚马逊知道如何丰富消费者体验，让消费者成为他们的"回头客"。

亚马逊采用过一个非常成功的客户保留策略，那就是 Amazon Prime 客户忠诚项目。该项目是在 2004 年末推出的，当时有人认为这个项目可能在 2 年内不赚钱，最多就是不赔不赚，但是仅用了 3 个月时间，Amazon Prime 客户忠诚项目就盈利了。

那么结果如何呢？即便在经济不景气的那段时间里，亚马逊股价依然在上涨，而且当其他线上零售商在苦于业绩增长的时候，亚马逊的销售业绩增长了 30%。据业内分析师透露，在成为 Prime 会员之后，消费者的购买量会增加 150%，在美国地区，Prime 会员的购买量占亚马逊的总销量的 20%。

在此，我们不妨来仔细分析一下 Amazon Prime 客户忠诚项目。作为一个付费订购服务，亚马逊要求客户每年支付 99 美元，并为客户提供一个免费的 30 天试用服务。一开始，亚马逊为所有 Prime 会员提供了 2 日免费物流服务。之后，他们又推出了不同级别的物流服务，现在，亚马逊还和其他公司合作，为 Prime 会员提供其他非现金形式的额外服务，如提供免费的电子书、电视节目、电影，甚至是音乐，Prime 会员还可以享受很多其他的增值服务。

上面我们提到的那些数据，其实证明了亚马逊的 Amazon Prime 客户忠诚项目收到了非常好的效果。实际上，亚马逊所做的就是帮消费者解决了一个棘手的问题，即运费太高。有时候，运费甚至超过了消费者购物所支付的费用，导致不少消费者放弃在网上购物。

现在，通过 Amazon Prime 客户忠诚项目，这个问题得到了解决。Prime 会员再也不用担心他们的运费问题，只需放心地在亚马逊网站上下单就可以了。再加上亚马逊可以提供海量商品，以及极具竞争力的价格，这些都成了吸引消费者的优势。

第一节 客户生命周期

研究客户生命周期能够帮助企业改进产品及服务的质量，进而获得竞争优势，提高利润。那么客户生命周期的阶段有哪些？这些阶段的特点各是什么？本节将对这些问题进行阐述。

一、客户生命周期的概念

客户生命周期是指从客户开始对企业进行了解或者企业欲对客户进行开发开始，直到客户与企业的业务关系完全终止且与之相关的事宜完全处理完毕的这段时间。客户生命周期是产品生命周期的演变，清楚刻画了客户关系水平随时间变化的发展轨迹。一般而言，客户生命周期可分为潜在获取期、客户成长期、客户成熟期、客户衰退期、客户终止期五个阶段。其中，潜在获取期是客户关系的孕育阶段，客户成长期是客户关系的快速发展期，客户成熟期是客户关系的稳定期，客户衰退期是客户关系发生逆转的时期。在客户生命周期的不同阶段，企业的投入与客户对企业收益的贡献是不同的。

客户生命周期各阶段企业投入产出如图4-1所示。

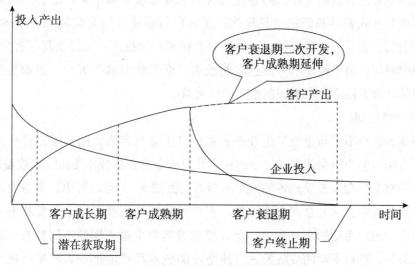

图4-1 客户生命周期各阶段企业投入产出

二、客户生命周期的各个阶段

1. 潜在获取期

潜在获取期可以细分为潜在客户期与客户开发（发展）期。

当客户对企业的业务进行了解，或者企业欲对客户进行开发时，企业与客户开始交流并建立联系，此时客户已进入潜在客户期。因为客户对企业的业务进行了解需要企业为其解答，某一区域内的所有客户均是潜在客户，所以企业投入是对某一区域内的所有客户进行调研，考察和测试企业与客户之间目标的相容性、交易关系发展的潜力等，以便确定可开发的目标客户。此时企业有一定的投入成本，但客户尚未对企业做出任何贡献。当企业对潜在客户进行了解后，就进入了客户开发期，企业将为目标客户投入大量资源，但是客户为企业所做的贡献依然很少或者没有。

2. 客户成长期

当企业成功开发目标客户后，客户已经与企业发生业务往来，且业务规模逐步扩大，此时已进入客户成长期。企业的投入与潜在获取期相比要小很多，主要是发展投入，目的是进一步融洽与客户的关系，提高客户的满意度和忠诚度，进一步扩大交易量。在此期间，客户已经开始为企业做贡献，企业从与客户的交易中获得的收入大于投入，开始盈利。

3. 客户成熟期

客户与企业发生大量交易时，说明此时客户已进入成熟期。在此期间，企业的投入较少，客户为企业做出的贡献较大，企业处于较高的盈利时期。

4. 客户衰退期

客户衰退期是客户关系水平逆转的时期，该阶段的主要特征有：①客户与企业的交易量逐渐下降或者急剧下降，但客户自身的总业务量并未下降；②客户或者企业开始考虑结束关系或者寻找新的交易伙伴；③客户与企业开始交流结束关系的意图等。在客户衰退期，企业有两种选择：一种是加大对客户的投入，重新恢复与客户的关系，确保客户忠诚度；另一种是不再做过多的投入，渐渐放弃这些客户。显而易见，企业两种不同的处理方法会带来不同的投入产出效益。

5. 客户终止期

当企业的客户不再与企业发生业务关系，且企业与客户之间的债权债务关系已经理清时，意味着客户生命周期的完全终止。此时企业有少许成本支出而无收益。

客户的整个生命周期受到各种因素的影响。由图5-1可以看出，企业要尽可能地延长客户生命周期，尤其是客户成熟期。客户成熟期的长度可以充分反映出一个企业的盈利能力。面对激烈的市场竞争，企业要掌握客户生命周期的不同特点，提供相应的个性化服务，进行不同的战略投入，使企业的成本尽可能低、盈利尽可能高，从而增强企业竞争力。

三、客户生命周期主要阶段的特征

客户生命周期主要阶段利润变化如图4-2所示，客户生命周期主要阶段的特征如表4-1所示。

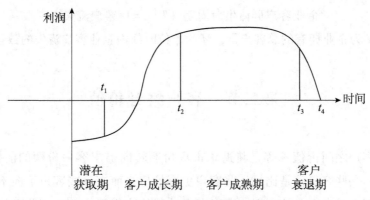

图 4 - 2 客户生命周期主要阶段利润变化

表 4 - 1 客户生命周期主要阶段的特征

客户生命周期主要阶段	销量	成本	利润	心理份额	客户关系	营销目标
潜在获取期	客户尝试性购买	高，表现为信息收集成本、客户识别成本	低水平，甚至为负	知晓	信息不对称，关系疏远	信息沟通，客户初步识别，说服购买
客户成长期	重复购买，交易量迅速增长	相对高，表现为促销成本和交易成本	利润迅速增长，出现拐点	感知到满意，随后增加	以交易事件为中心，关系较近	价值观相互认同，客户价值提升
客户成熟期	重复购买，交易量趋于稳定	趋于稳定，表现为关系维系成本	保持高水平稳定	满意的积累，稳定于高水平	关系稳定，长期承诺	保持关系长期稳定，获取最大化互动价值，建立长期协作关系
客户衰退期	交易量减少	增高，表现为资源内耗	开始减少，出现拐点	不满意增加，在拐点后迅速下降，可能下降至负值	关系变得冷淡	察觉客户关系衰退，识别已流失客户，关系终止或恢复

四、企业客户群体生命周期的计算

企业客户群体生命周期与单一客户生命周期不同的是，它计算出的是企业整个客户群体的平均生命周期，具体采用客户流失率来计算。客户流失率是指单位时间内客户流失的数量占总客户量的比例。可利用下列公式计算。

$$客户流失率 = M/N$$

企业客户群体生命周期（T）＝1/客户流失率

其中，N 为企业拥有的总客户量；M 为单位时间内企业客户流失的数量。

第二节　客户终身价值

客户与客户之间价值不等是将追求市场份额转向追求客户份额的前提。实际上，对企业来说，一些客户就是比另一些客户更有价值，而有一些客户不但不能给企业带来好处，反而会减少企业的利润。所以客户的价值决定了企业应该分配给客户多少时间和资源，以便为企业获得最大的利润。

一、客户终身价值的概念

客户终身价值本质上是在企业与客户之间的长期关系中，客户基于交易关系给企业带来的净现值。其由三部分构成：历史价值、当前价值和潜在价值。

二、客户终身价值的计算

客户终身价值就是指客户在其整个生命周期中，为企业所做贡献的总和。由于在客户生命周期的不同时期，客户对企业所做的贡献有所不同，同时由于时间价值的存在，计算客户终身价值时，必须要对不同时期的贡献进行贴现，计算出客户终身价值的现值。这里我们运用 Dwyer 法（杜瓦尔法）进行计算。

1. 单个客户终身价值的计算

计算步骤如下。

（1）确定客户生命周期。

（2）计算客户生命周期内每年给企业带来的利润净额。

（3）对客户生命周期内每年的利润净额进行贴现。

（4）求和。

设客户生命周期为 T，在第 t 年给企业带来的贡献为 Q_t，企业在客户身上的投入为 C_t，银行的贴现率为 i，那么该客户的终身价值现值 V_k 表示为：

$$V_k = \sum_{t=0}^{T} \left[(Q_t - C_t) \times (1 + i)^{-t} \right] \qquad (4-1)$$

当开发新客户时，由于客户还没有与企业产生业务，对客户的价值现值难以计算，这时可以利用客户可能与企业之间发生的业务交易量占客户年业务总量的比例来推算。

设客户 A 每次发生业务交易量为 P_{At}，每次在该企业的购进比例为 K_{At}，每次购进业务的企业贡献率为 M_{At}，每年客户发生的购货频次为 N_{At}，银行的贴现率为 i，那么该客户的价值现值可表示为：

$$V_k = \sum_{i=0}^{T} \left[P_{At} \times N_{At} \times K_{At} \times M_{At} \times (1 + i)^{-t} \right] \qquad (4-2)$$

2. 企业客户群体终身价值的计算

企业客户群体终身价值的计算与企业单个客户终身价值的计算相似，不同的是企业客户群体终身价值的计算需先计算出客户群体的平均生命周期和客户群体的生命周期平均利润，可分为以下四步。

（1）计算出企业客户群体流失率。

（2）计算出客户群体平均生命周期。

（3）计算出客户群体生命周期内年平均利润。

（4）利用后付年金现值法求出客户群体终身价值现值。

严格地讲，客户群体终身价值的计算，应该先算出企业每个客户的终身价值，然后求和。但基于商业企业的特点，客户数量较多，分别计算难度较大，简便起见，做了一个假设，即企业流失的老客户与开发的新客户数量相等，且其业务量会保持相对稳定。企业客户群体终身价值 V_q 具体可用公式表示为：

$$V_q = \sum_{t=0}^{T} \left[(Q_{qt} - C_{qt}) \times (1 + i)^{-t} \right] \qquad (4-3)$$

由于客户群体的年利润贡献用平均利润计算且假设每年相等，所以上式可表示为：

$$V_q = (Q_{qt} - C_{qt}) \times \mathrm{PVIFA}_{iT} \qquad (4-4)$$

其中，Q_{qt} 为客户群体年平均贡献收入，C_{qt} 为客户群体年平均支出成本，PVIFA_{iT} 为年金现值系数。

从上述计算过程可见，Dwyer 法考虑了客户的流失率、客户为企业创造的利润、企业为客户支付的成本以及贴现率，能够较为准确地反映客户终身价值。但是，Dwyer 法也存在不足，正如上述计算过程所显示的，该方法只能计算某一个客户或者某一组客户的终身价值，其计算的前提是企业依据某些规则对客户进行分组，而后分组计算各个组别的客户终身价值。

例如，销售人员开发到一个年龄 30 岁左右的潜在客户，他单次购买后销售人员可以赚取的利润为 100 元。客户的购买周期是一个月 2 次，他可能会在以后的 20 年都需要这个产品，银行的贴现率为 8%。那么这位客户的终身客户价值计算如下：

$$V_k = \sum_{t=0}^{20} (100 \times 2 \times 12) \times (1 + 8\%)^{-t} \qquad (4-5)$$

当然 Dwyer 法绝非唯一的客户终身价值计算方法，还有客户事件法、拟合法等，在这里我们不做过多的讨论。

 案例阅读

客户终身价值分析

简单地说，客户终身价值表示在一段时间内客户利润贡献的平均净值。客户终身价值常常会被应用到会员数据库营销策略的发展中。这些具体的数据会随着时间的变动而变动，是提供企业营销策略和方法的重要参考。

1. 客户终身价值表（见表4-2）

理解客户终身价值表的各项内容，才能了解如何计算客户终身价值、区段分级和实施应用。

表4-2   客户终身价值表

	第一年	第二年	第三年
客户数/个	5000	2000	1200
客户保留率	40%	60%	80%
平均消费金额/元	1000	1500	2000
总消费金额/元	5000000	3000000	2400000
成本/元	3000000	1500000	960000
客户取得成本/元	200000	0	0
总成本金额/元	3200000	1500000	960000
利润/元	1800000	1500000	1440000
累计利润/元	1800000	3300000	4740000

（1）客户数：每段时间的客户保留数目。

（2）客户保留率：每段时间所留下来的客户比例，也就是再回购的客户比例。这可以衡量营销活动所产生的客户忠诚度。

（3）平均消费金额：每段时间单个客户平均的消费金额。

（4）总消费金额：客户数×平均消费金额。

（5）成本：包含不同行业（产品）的直接成本和变动的行政成本，原则上每年的成本是会下降的。

（6）客户取得成本：取得这个客户所花费的广告及营销活动费用的总和除以当年的新客户数。

（7）总成本金额：成本＋客户取得成本。

（8）利润：总消费金额－总成本金额。

（9）累计利润：这段时间的利润加上前一段时间的利润。

2. 客户终身价值的变化（见表4-3）

（1）从数据库中挑选一些成为新客户的会员。

（2）依据过去的经验，决定一段时间后还有多少客户会持续购买（回购）。一段时

间大多是指一年或半年，这可依据企业的商品生命周期来决定。

（3）计算取得这群客户所花费的营销成本。

（4）根据客户终身价值表的内容，计算三个阶段或三个阶段以上的客户终身价值。

（5）连续执行针对这群会员的营销活动，比对客户终身价值，观察这些数据的变化。

（6）根据客户终身价值的变化，改进会员分析模型，再次进行营销活动，善用会员终身价值表，提升会员数据库营销的结果。

表4-3　　　　　　　　　客户终身价值的变化

项目	数量/个	平均终身价值/元	净值/元
期初客户数	100000	282	28200000
流失客户	15000	343	5145000
流失后小计	85000	271	23055000
新增客户数	20000	294	5880000
新增后小计	105000	275	28935000
高利润客户	15000	305	4575000
低利润客户	15000	182	2730000
无变化客户	75000	275	20625000
期末客户数	105000	266	27930000

制作营销目标的客户终身价值表，然后透过客户终身价值的变化来测试每次的营销活动。如果你发现有些会员的终身价值是负增长，这表示他们在减损企业的利润，那么必须反思对于这群会员的营销活动或优惠活动是否有必要继续实施，重要的是把营销经费和优惠活动留给对企业有利润增长的客户。客户忠诚度矩阵如图4-3所示。

图4-3　客户忠诚度矩阵

第三节　品牌转换

全球经济一体化使得越来越多的国际产品进入国内市场，导致国内市场的竞争更加激烈。消费者作为市场的一个重要组成部分，其选择的重要性也逐渐迫使企业将竞争的焦点从产品竞争转移到客户竞争。品牌转换是提高某一特定产品品牌的销售量或者市场份额的一种有效途径，因此对消费者品牌转换行为进行研究，为企业制定相应的营销策略和服务方式具有一定的实践意义。

一、品牌转换行为的概念

品牌转换行为是指消费者停止购买正在使用的品牌的产品或服务，转而购买其他品牌的产品或服务。

消费者的品牌转换行为可以划分为以下两类。

（1）消费者以前总是购买同一品类的东西，现在转而购买竞争对手该品类产品，这叫品牌转出行为，转出样本人数占样本总人数的比例叫品牌转出率。

（2）消费者以前不购买企业该品类的东西，现在却开始购买了，这叫品牌转入行为，转入样本人数占样本总人数的比例叫品牌转入率。

二、品牌转换行为的成因

首先，购买环境。如果消费者在一个特定的购买环境内没有找到自己习惯使用的品牌，特别是那些价值较低、购买频率较高的产品，一般而言，就会被动地转换其他品牌。

其次，营销组合要素的影响。现在，国内的大部分快速消费品市场趋于成熟，产品或品牌数量迅速繁殖，产品创新越来越难，产品同质化程度越来越高，很少有产品具有不可替代性。

再次，激烈的市场竞争所带来的花样翻新的促销手段给予消费者以极大的刺激和诱惑，极大程度地动摇了消费者的品牌忠诚度。

最后，消费者自身特性的影响。一部分消费者似乎是天生的品牌转换者，他们不停地转换品牌，很难保持对某个单一品牌的忠诚。

三、品牌转换矩阵

品牌转换矩阵是研究消费者品牌转换行为的有效工具，用来显示消费者在两个固定的时间区间内购买形态的改变。

假设有三家专门生产洗发液的公司，A 公司希望知道其品牌在 7 月与 8 月与另外两家竞争者相比的状况。在进行客户调查之后，A 公司做出如表 5 - 4 所示的品牌转换矩阵。

表 4 - 4　　　　　　　　　　　品牌转换矩阵

时间	8 月			
	品牌	A	B	C
7 月	A	60%	20%	20%
	B	19%	31%	50%
	C	5%	45%	50%

在 7 月购买 A 品牌的消费者当中，有 60% 在 8 月会再次购买 A 品牌，而有 20% 会转买 B 品牌，另外的 20% 则转买 C 品牌。矩阵内从左上角到右下角的三个百分数，分别代表每个品牌的重复购买率。在这个例子中，A 品牌保有其目标市场 60% 的占有率，而 B 品牌及 C 品牌则分别保有 31% 与 50% 的占有率。

表 4 - 4 中，从左边到右边的数字代表的是每一种品牌的转进率与转出率。在这个例子当中，A 品牌 7 月销售量中的 20% 转到了 B 品牌，另外的 20% 则转到了 C 品牌。B 品牌 7 月销售量中的 50% 转到了 C 品牌，代表的是 B 品牌销售量的急速下降。C 品牌 7 月销售量中的 45% 转到了 B 品牌，而只有 5% 转到了 A 品牌。从这些数字当中可以看出消费者对 A 品牌具有品牌忠诚度，却很难把 B 品牌或 C 品牌的客户给抢过来。

 案例阅读

Paytm——返现实现业务大跨步

Paytm 是印度的移动电子商务平台，客户可以把自己的钱放进 Paytm 钱包，然后进行支付，如为手机充值等。

Paytm 成立于 2010 年，之所以能够迅速吸引眼球，是因为提供了力度非常大的优惠服务，客户在线上支付账单可以享受 50% ~ 60% 的折扣。到了 2014 年，和印度另外两家电商巨头 Flipkart 和 Snapdeal 一样，Paytm 推出了自己的专属移动平台。如今，Paytm 不再采用以往电商圈里常用的打折方法，而是推出了返现服务，作为其客户保留策略。

实际上，客户的返现奖励和折扣奖励都会放进他们的 Paytm 钱包，可以在之后消费时使用。为了能够更好地理解返现这种客户保留策略，不妨先看一个例子：一个客户购买了一台电视机，售价是 779000 印度卢比，使用 Paytm 便可以享受 20% 的折扣，也

就是说，他只需支付 623200 印度卢比，好了，现在看来似乎这个购物流程就结束了。错！完全不是这样！

实际上，此时这位客户可以拿到 10000 印度卢比的返现金额，当然，这笔钱是存放在 Paytm 钱包里的，如果该客户之后想要购买其他东西，就可以使用这笔返现金额进行支付。这样做的好处就是，Paytm 可以捆绑住客户，即便他们下次再想买其他商品，也不会去其他平台，而是选择在 Paytm 平台上搜索相关商品/服务，然后使用之前的返现金额来购物。

返现绝对算是一个非常聪明的客户保留策略，其中一个原因就是它可以诱导客户进行重复购买。此外，对 Paytm 来说，这个策略之所以具有优势，就是因为他们能够提供一个半封闭的移动钱包。也就是说，Paytm 钱包里的资金能够支付给不同卖家，所以，Paytm 客户能够在其平台上购买新款手机、预约出租车或购买衣服，所有支付操作都能通过同一个钱包完成。如果消费者能够获得一站式支付服务，谁还会选择其他解决方案呢？

事实上，通过打折、返现来吸引客户，并不是一个长期有效的办法，因为竞争对手同样可以采用相同的策略。但是，如果将返现和钱包服务捆绑在一起，那么效果就有很大不同了。Paytm 目前有大约 1500 万个钱包客户，而且有 1.5 万家商户接受 Paytm 钱包支付。Paytm 所采用的这种客户保留策略非常成功，九成都是老客户。

课后复习

习题

1. 结合物流业谈谈如何进行客户生命周期管理。

2. 谈谈客户生命周期主要阶段的特征。

3. 某客户情况如下：经营周期两年，每年购买一次，每次购买一个单位，贡献率为 50 元，贴现率为 10%，公司一共有 2 万名客户。计算该客户的终身价值。

4. 某品牌转换矩阵如表 4-5 所示，参照表 4-4 对该品牌转换矩阵做简单分析。

表 4-5   某品牌转换矩阵

时间		2月		
	品牌	A	B	C
1月	A	40%	40%	20%
	B	10%	60%	30%
	C	10%	40%	50%

实训

客户终身价值计算方法的研究综述

1. 实训目的

（1）提高操作能力。

（2）培养组织能力。

（3）加深对理论知识的理解。

（4）培养语言表达能力。

2. 实训要求

（1）资料内容属实。

（2）有自己的分析和观点。

（3）符合一般研究综述的写作要求。

3. 实训内容

收集客户终身价值计算方法的相关文献资料，并加以比较点评，说明哪一种更适合物流企业客户终身价值的计算。将以上内容整理成 3000 字左右的小论文。

第五章　物流客户投诉管理

圆通速递：用人工智能代替传统客服

如果说过去几年快递行业拼的是商业模式，那么现在考验的则是快递行业内每个企业的技术敏感性。这是圆通速递（以下简称圆通）在信息化、数字化时代的今天形成的新认知。尽管处于劳动密集型的快递行业，圆通却一直走在科技应用的前沿。

1. 从文本机器人到语音机器人

2017 年，圆通从智能文本机器人客服入手，开始了人工智能客服的探索。圆通的文本机器人首先从官网渠道接入，经过不断打磨，接入渠道拓展至微信等。鉴于国内业务的良好应用效果，文本机器人客服已推广至圆通国际业务。文本机器人让圆通看到了明显的成效：据企业内部统计，全年平均每日接待客户的工单量不低于 60000 次，平均应答率达 90% 及以上，文本机器人每工单的处理成本约是人工客服的 1/10。这坚定了圆通继续向语音机器人探索的信心。

2. 环境调研，业务试水

2018 年伊始，圆通创新与研发中心开始对人工智能语音做市场调研和技术评估。通过行业和技术两方面的调研分析后，圆通决定在客服电话下单的场景中进行人工智能的应用试水。在业务试水的过程中不断克服客户方言口音、客户说话习惯、客户打断等一系列的问题后，智能机器人下单也得到了良好的应用效果，第一期的智能机器人下单成功率达到了 80%。

3. 攻克难关，形成核心能力

在智能机器人下单的场景取得预期的效果之后，圆通继续在快递咨询、快递催件、查网点、查费用和查电话等新的应用场景中继续突破。在这个过程中，圆通形成了自有的业务知识库、话术库、对话管理和录音库等技术能力，让机器人服务客户的时候能够像人一样思考、登记工单、安抚客户和解决客户的问题，通过大数据不断训练机器人，让通用领域的语音机器人变成快递行业垂直领域技术领先、客户体验为主导的真正的智能机器人。

智能语音客服项目的投入是千万量级的，圆通关注的是尽可能降低成本，且最终要低于人工客服的成本。

第一节　客户抱怨与客户投诉

随着物流行业的发展，物流服务因其便捷、经济的优势得以进一步改善。然而，和传统服务业一样，服务失败现象随时随地发生着，成为物流过程中不能回避的话题。当客户对企业的产品和服务不满意的时候，就会产生客户抱怨。据相关调查，在抱怨的客户中，84%的人拒绝与该公司再次来往；74%的人会投诉或者告诉别人；47%的人会破口大骂；29%的人会感到头疼、胸闷；13%的人会通过网络平台进行宣泄。由此看来，客户抱怨的威力之大，已经成为当今企业不得不面对的一大难题。

一、客户抱怨概述

1. 客户抱怨的定义

客户抱怨是和客户满意联系在一起的。客户满意是客户对其要求已被满足的程度的感受。客户抱怨是一种表达不满意的常见方式，但是没有抱怨并不一定表明客户很满意。也就是说，抱怨是客户的一种不满意的情绪和由此产生的一系列的行为，是客户期望无法得到满足的一种表达方式。一般来说，客户抱怨可能有以下几种反应。

（1）虽然内心不满但是不采取任何行动。不满意的客户容忍与否，取决于购买经历对客户的重要性、购买的商品的价值高低、采取行动的难易程度及需要额外付出的代价等条件。

（2）不再重复购买。即不再购买该品牌的产品或者不再光临该企业。

（3）向亲友传递不满的信息。

（4）向企业、消费者权益保护机构表示不满或者提出相应的要求，如以相关的法律为基础或者以企业的内部标准合同等为基础提出索赔要求。

（5）如果客户不满意的程度很强烈，就会采取法律的手段向仲裁机构提出仲裁或者向法院提起诉讼。

当客户对企业的产品和服务不满意的时候，如果客户离开的话，那么企业连了解客户为什么离开的机会都没有，更谈不上改善和提高了。所以从这一角度来看，客户的抱怨，尤其是投诉，无异于是送给企业的一份"厚礼"。

2. 客户抱怨的类型

根据以上客户抱怨的反应，从有利于企业管理的角度出发，客户抱怨可以被划分为非投诉性抱怨和投诉性抱怨。

（1）非投诉性抱怨。

不满意的客户虽没有向企业投诉，但是可能停止购买或者向其他人传递关于企业的负面信息。这样企业不但没有办法了解客户的想法，而且失去了进一步提高和改进的机会，同时企业的形象也会受到巨大的影响。所以，企业应该对非投诉性抱怨进行积极主动的了解，如可以利用各种形式的调查对各种非投诉性抱怨信息进行统计分析，以便指导企业的工作。

（2）投诉性抱怨。

客户因为不满意而采取的投诉行为，如果企业处理得当，就能够化解客户的不满意因素，进而达到客户满意或者忠诚的效果。对于企业而言，可以在意识到客户抱怨的反应后立即采取补救性措施，变不利为有利。投诉性抱怨其实是客户因不满意而采取的积极行为，它产生的负面影响最小，所以对于这种抱怨，企业必须进行及时处理，以赔偿客户的经济损失和平息客户的不满情绪。在本章以后的论述中，除特殊说明外，抱怨均指投诉性抱怨。

3. 客户抱怨的影响

客户的抱怨从本质上来讲就是服务失败，即物流企业提供的服务与客户的期望出现了差异。服务失败后，企业如果没有妥善处理客户的投诉，那么客户一旦有其他选择，极可能转向其他企业，导致客户流失。服务失败已成为物流供应商提高客户满意、建立客户忠诚的主要障碍。根据美国消费者调查公司的跟踪调查，对小额商品而言，产生不满意的客户中，虽然有96%的客户没有抱怨，但是63%的客户将不再购买而选择别的品牌。而无论是产品还是服务，其价值越大，不满意的客户表达抱怨的比例就越大。调查还显示，在100位不满意的客户中，大约有13%的客户会向20个人诉说不满的遭遇，其余87%的客户会向9人传递不满的信息。也就是说，100个不满意的客户可能会影响1043人对企业的认识。另据日本一项针对540位客户的调查，在不满意的购物经历中，有25%的客户会购买其他品牌；19%的客户会停止购买原来的产品；13%的客户再次光顾该商店时产生了犹豫；35%的客户会退货；8%的客户会投诉。由此可见，客户一旦对自己的购买经历感到不愉快，将会对企业的信誉产生很大的影响。

对于投诉的客户来说，如果他们的问题能够得到及时解决，他们会比没问题的客户更加忠诚！妥善处理客户投诉不但可以消除已发生的服务失败带来的不利影响，重新获得客户满意，而且可以全面提升服务质量，预防潜在服务失败情况的发生；同时可以利用在服务失败与补救过程中发现的有价值信息改善服务提供系统，为客户提供日趋改进的高质量服务。因此，物流企业只有重视客户满意、实施客户满意，才能创造更多的客户价值，获得立足市场的资本。

我们不能阻止客户投诉，这与我们不能阻止客户对物流企业的期望是一个道理，客户的投诉是对企业的信任，企业对此只有妥善处理，才能使客户期望达成，从而更加依赖企业。

二、客户投诉原因分析

当客户在接受企业物流服务的过程中进行投诉时，原因可能来自物流部门提供的商品，也可能来自服务。简单地说，客户是基于不满而投诉。投诉的行为一旦做出，不论是对客户还是对物流企业而言，都是一件不愉快的事情。客户投诉大多数是企业方面的原因，也有客户自身的原因、政府监管方面的原因，以及法律制度、社会意识方面的原因。

导致客户投诉的原因多种多样，因事而异、因人而异。服务接触是客户、服务提供者和实体环境设施三者的结合，而这三者之间存在着互动的影响关系。就物流行业而言，主要的问题会出在以下几个方面。

1. 服务传递系统失误

这是指企业在核心业务流程上的失误，主要体现在与物流业务相关的主要业务流程、知识、能力和规定等不能满足客户的要求或者超出了客户的容忍范围。例如，运输中的准时到达率太低、仓储中的货物破损率太高或者不能够为客户在指定的区域进行配送等都是服务传递系统的失误，这是产生客户投诉的主要原因。

（1）业务操作失误，如计费重量确认有误、货物包装破损、单据制作不合格、报关/报检出现失误、运输时间延误、结关单据未及时返回、舱位无法保障、运输过程中货物丢失或损坏等情况。

（2）销售操作失误，如结算价格与所报价格有区别、服务与承诺不符、对货物运输过程监控不力、与客户沟通不够、有意欺骗客户等。

（3）运输外包失误，如运输过程中货物丢失或损坏、送（提）货时不能按客户要求操作、承运工具未按预定时间起飞（航）等。

（4）代理操作失误，如对收货方的服务达不到对方要求，使收货方向发货方投诉而影响企业与发货方的合作关系等。

（5）员工的知识或技能不足，员工不具备相应的知识和能力，不能够满足客户的需求。包括专业知识不够、服务技巧不足、售后服务不到位等多方面的内容。例如，员工缺少专业知识，无法回答客户的提问或者答非所问；客户的投诉未能得到妥善的处理；等等。这种情况多见于比较复杂的物流整体解决方案或国际物流业务中。

2. 员工个人行为不当

一线员工是和客户直接接触的人员，但是由于物流企业中普遍存在人员素质不高及低工资、行业特性等造成较高的离职率等情况，员工在个人行为方面容易出现服务失误。具体表现在以下几个方面。

（1）员工服务态度欠佳。主要表现为服务人员的工作态度不佳，未能体现出专业的服务精神和良好的精神风貌。服务态度不佳的表现很多，如不尊敬客户，缺乏礼貌；企业员工有不当的身体语言，如对客户示以不屑的眼神或无所谓的手势，面部表情僵硬；对经常性的工作感到厌烦时，对客户的需求表现出无所谓或是冷淡的态度；以高人一等的态度对待客户；对所有客户都采取一成不变的、机械化的服务模式；等等。

（2）员工礼仪问题。由于员工的不当形象或者不当仪态造成的客户不满。

（3）意外。在物流服务的过程中，有时会因为服务人员的无心之举而给客户的财产造成损失。例如，在帮助客户开箱验货过程中造成的货物损失等。

3. 客户自身原因

有些客户在与物流企业的合作过程中不能很好地定位双方的角色，过分地强调单方利益，从而引起矛盾。归根结底，客户投诉的自身原因可以归纳为两种：结果不满和过程不满。

（1）结果不满。结果不满是指客户认为物流企业的服务没有达到他们预期的目的，没有产生应有的利益或价值，如物流公司的送货延误、货物包装破损、商品以劣充好等。结果不满的关键特征是客户遭受了经济损失。

（2）过程不满。过程不满是指客户在接受产品和服务的过程中感受到不满意，如物流服务人员言行粗鲁无礼、仓储环境恶劣、物流手续烦琐、客户服务电话无人接听等。过程不满的关键特征是最终结果虽然符合要求，但客户在过程中感受到了精神伤害。

在物流行业，由于服务性产品的特殊性，服务结果和服务过程相伴而生，因此结果不满和过程不满往往很难截然分开，而且客户的投诉也往往是对结果和过程同时不满。区分客户投诉的原因可以帮助我们采取正确的应对和补救措施，对结果不满和对过程不满的投诉往往采取不同的处理方式。

此外，客户方的业务员自身操作失误，但为免于处罚而转嫁给合作方；客户方的业务员有自己的物流渠道，由于上级的压力而被迫合作，因此在合作中有意刁难等。这些也是客户对物流服务进行投诉的原因。

4. 物流设施原因

物流是一个重资产行业，需要通过各种各样的物流设施完成对客户的服务。物流设施不足、设施设计不当或者发生故障等都可能造成客户的不满。

（1）物流设施不足。因企业提供的物流设施不足以满足客户的需求而造成服务质量偏差所带来的客户不满的情况。

（2）物流设施设计不当或者发生故障。由于物流设施设计不当，无法满足客户的需求或者是由于使用不当、维修不当等引起的故障率较高，超出了客户的容忍度而出现的情况。

5. 不可控因素

服务失误有时候也可能来自物流企业和客户以外的因素，不是企业和客户能够把控的。

（1）政府监督。物流作为一种新兴的产业，虽然隶属于服务业，但是政府对物流企业没有建立完善的管理结构。一旦出现物流客户服务方面的投诉，不能迅速使用相关配套的解决方案。这也说明，当前的政府监管还不到位。

（2）法制不健全。法律规定滞后于经济发展，法律存在空白点，对问题的处理莫衷一是，如精神损害赔偿的问题等。

（3）社会信用缺失。某些不良物流企业和经营者欺诈客户，得逞后人去楼空，换个地方继续行骗，造成客户对物流企业有戒备心理，增加了沟通难度。

（4）政府管制。政府政策的调整导致物流服务不能满足客户需求。例如，在重大的体育赛事、文艺演出或者政治会议时出现的因交通或者运输管制而导致货物延期发运等情况。

三、客户投诉管理的作用

所谓客户投诉管理，就是要通过企业的各种制度和体系及良好的人员服务消除客户的不满，为企业带来更多的利益。虽然现在的企业都将"客户是上帝"作为企业经营的重要信条，但是由于种种原因，服务失败总是在所难免。产生投诉并不可怕，如果能够处理好客户投诉，很多客户会因此对企业产生更为长远和深厚的感情，成为企业的忠诚客户。据调查，这部分比例高达70%，所以客户投诉管理意义重大。客户投诉管理的意义可以归纳为以下几点。

1. 消除客户的不满，保持或者恢复企业的信誉

如果能够通过良好的沟通和服务使不满意的客户满意，那么就相当于提升了企业的市场份额。此外，不满意的客户中能够进行投诉的客户一般而言对企业抱有极大的希望。通过良好的服务弥补客户，使客户满意后，进行投诉的客户中的大部分将会转化成企业的忠诚客户。

2. 改进企业的质量体系

服务质量是企业生存之本，而投诉管理的过程就是以客户的需求为起点的一种拉动式的服务改进过程。客户的投诉都是出现在现有的服务不能够很好地满足客户需求的基础上的，而客户的投诉作为一种改进的动力，鞭策企业尽快找到解决问题的办法，是对企业质量体系的最好检验。

3. 作为宝贵的市场数据

企业通过市场调查的手段来了解客户的需求已经是非常常规的企业行为了，但是一般的市场调查都是和特定的产品或服务相关的，往往不能反映企业经营的全貌；而

且调查中受到主观因素和种种条件的限制，得到的结果并不可靠。客户抱怨的数据则不然，这是一种真实的、低成本的检验结果，是最为可靠的市场调查结果。如果能对客户的投诉进行深入的挖掘和整理，可以为企业的研发、服务改进等提供更多的线索。

4. 寻找创新发展方向

企业的技术创新只有满足市场的需求才能够实现真正的市场化，但是现在的很多企业在开发新产品和新服务的时候都苦于找不到入手点。如果能够在客户投诉的基础上有针对性地进行开发，那么创新的方向将非常明确。

第二节　客户投诉管理体系

在客户投诉中经常发现：造成投诉升级的原因并不是客户服务人员工作不努力，而是企业没有建立有效的客户投诉管理体系，或是处理流程太烦琐，或是后台不能提供快速有效的支持，或是采取的有效行动不能使客户满意，等等。所以有效的投诉管理除了要加强和提高一线服务人员的自身素质、重视对投诉的处理，更需要从观念上、制度上、流程上来加强对投诉的系统管理，因为过程和结果不是一两个人可以控制的，它是企业整个系统运作的结果。

对于物流企业而言，正确的做法是系统地看待投诉问题，建立一套完善的投诉管理体系，明确组织内各级工作人员对投诉承担的职责和权限，制定一系列投诉处理的工作流程和标准，让每一次投诉都在体系里得到妥善解决，让投诉管理变成一项增值业务，让不满意的客户变成忠诚客户。

一、物流客户投诉管理体系的构成

管理体系的定义是建立方针和目标并实现这些目标的体系。那么，投诉管理体系就可以定义为建立投诉方针和目标并实现这些目标的相互关联或相互作用的一组要素。物流客户投诉管理具有综合性的特点：一是涉及企业业务管理、人员管理、流程管理、公关媒体等多个方面；二是投诉的处理不光是客户服务部门的职责；三是投诉管理的内容涉及投诉预防、投诉受理、投诉处理、投诉分析四个方面。

物流企业应充分认识到：客户投诉的预防、受理和处理，是企业节约成本、挽留老客户的经营过程，通过投诉分析挖掘出商机，寻找市场新的卖点，使投诉成为服务利润链的发力点和企业潜在利润的中心，也就是从投诉管理转向投诉经营。

有效的物流客户投诉管理体系主要包括以下内容。

1. 物流客户投诉预防

投诉管理工作中，最重要的环节在于投诉预防工作，所谓"防范胜于救灾"，就是重视投诉预防，从而避免问题的升级及降低企业的投入成本。对于物流企业而言，明智的办法是在问题最小时采取行动，而不是亡羊补牢。

投诉预防应从识别并处理好客户抱怨做起。抱怨是客户不满意的一大信号，企业应在发现的初期就把它处理好。无论是在销售和服务的环节中，还是在现场或热线电话中，都要调动企业内每一位员工的主观能动性，鼓励其处理好每一起客户不满或抱怨，这种积极作用有赖于企业建立良好的文化与合作氛围。

2. 物流客户投诉受理

做好投诉受理，也是一个准确识别客户和需求的过程。物流企业一是要有一个平台，建立客户联系中心；二是要有畅通的渠道，如投诉电话、电子信箱、客户回访等；三是要有规范的处理过程，从记录、受理、处理、分析到反馈都要流程化。核心工作就是将客户的信息完整地收集进来，然后通过标准化的、人性化的管理将不同的客户、不同的需求进行分流、处理。这个分流并非没有监控和跟进，而是有系统和流程保障，使客户问题由最有资源和最有能力处理好的部门快速地处理好，以提高客户满意度，降低客户流失率，从而提升服务竞争力，并避免企业危机问题的发生，还可以给企业增加商机。

3. 物流客户投诉处理

客户投诉处理是一项集心理学、法律知识、社会文化知识、公关技巧于一体的工作，既要体现服务人员的道德修养、业务水平、工作能力等综合素养，又要对投诉者所提问题给予妥善解决或圆满解答。在对投诉进行处理的时候，不应只由一个部门解决问题。在处理调查、分析原因和寻求对策的整个过程中，必须依靠不同部门乃至整个企业的协同力量。

投诉应进行层级化管理，通常可分为一般投诉、严重投诉和恶性投诉。应对不同的投诉设定严格的定义，并依此设定不同的处理流程，在物流企业建立共享投诉管理制度，以保证给处理人员或部门提供统一的口径及处理思路。对于高层级的投诉，应投入更多关注和更多资源，并在适当的时候启动危机预警和危机公关。物流企业做好危机公关，就是要在危机出现或即将出现时，能够最有效地通过沟通达到预期的效果。危机可以通过一系列有效的手段进行管控，如环境审视、风险评估、策略回应等。总之，快速的决策和战略制定可以帮助企业渡过危机时期，并有效控制局面，挽回公众的信任。

投诉处理应注意时效性，什么时间与客户联系、什么时间完成方案等时效性的硬约束是非常有必要的，以保证处理过程的高效性和服务口碑的建立。投诉回访制度的建立可以起到监督和闭环管理的双重作用。投诉处理的全过程不仅包括客户问题方面的快速处理，还包括追根溯源、落实责任。同时，后期的投诉分析要为企业提供更科学、更准确的改进依据。

4. 物流客户投诉分析

客户投诉是物流企业了解客户真正需求、贴近市场的机会，进行投诉分析的目的是从具体的投诉中发现一些异常的问题。从客户投诉分析中，可以挖掘出有价值的东西，进而将信息资源变成知识资产。具体来说，物流企业可以从客户投诉中检视产品或服务的错误，从而寻找商机。因此，投诉可为企业提供持续改进的方向和依据，企业可以通过投诉分析改进服务质量管理体系，并将其作为市场调查数据加以充分利用，挖掘客户潜在需求。

客户投诉是联系客户和企业的一条纽带，是一条很重要的信息通道。虽然客户投诉本身不是一件很愉快的事情，然而企业实践表明开发一个新客户的成本是留住老客户的几倍。物流企业要想留住老客户，必须在企业内部建立良好的客户投诉管理体系，并不断研究，从投诉管理走向投诉经营，这样不但能够使客户的抱怨和投诉得到很好的处理，而且能使其价值最大化，即对客户提供的信息进行有效利用，为企业的不断改进发挥积极的作用。

二、物流客户投诉管理体系的特征

从客户的角度来看，遇到问题，他们通常关心三件事：一是去哪里投诉，二是如何投诉，三是投诉是否会得到正确的处理。如果企业不能提供以上信息，客户的选择只有两种：如果是可以忍受的一般问题，他们会一走了之，但从此不再回来；如果是无法忍受的严重问题，他们会直接投诉到主管部门、消费者协会，甚至是他们所能想到的公共媒体，使投诉升级。

投诉管理方针是物流企业在投诉管理方面的宗旨和方向，对外作为满足客户要求的承诺，对内作为全体人员处理投诉问题的行动指南。因此，一个有效的物流客户投诉管理体系要具备以下特征。

1. 透明度

（1）确保让客户知道如何投诉。

在报刊、营业网点、宣传资料上公布投诉电话；在和客户联系的一切资料上提供投诉方法；在支票、发票和收据上备注投诉信息；制作"投诉指南"小册子，免费派发；在网站上开通动态的客户投诉栏目，收集抱怨和投诉意见；在投诉受理点公开张贴投诉流程和投诉须知的信息；及时通知客户投诉的进展情况和处理结果。

（2）确保企业相关部门和员工了解投诉的信息。

投诉的信息应在企业内部通过适当的方式得到传递，以便投诉处理过程能够得到充分理解和有效执行。采用多种沟通方式，包括电话、面谈、通知、会议、简报等，将投诉信息及时、准确地传递到相关的部门和人员，如被投诉当事人、责任部门、技术支持部门、管理部门、主管领导等。建立投诉信息的定期沟通制度，定期发布投诉情况汇报和分析简报；向全体员工通告重大的、典型的投诉案例，让员工引以为戒；在每月的经营质量分析例会上公布上月的投诉情况总结、原因分析、采取的改进措施等，促进相关部门不断改进，并采取预防措施；还可以就重复出现的重大投诉案例进行专题讨论，制订防范措施；等等。当投诉显示的问题可能影响其他客户时，企业应进一步采取行动，以防止问题扩大，包括对社会公众发出警示，通知所有客户免费修理、召回更换、退货甚至赔偿等。

2. 便利性

一个有效的投诉管理体系应该具有便利性，客户在企业供应链的任何一方都可以投诉。为此，企业应做到以下几点。

（1）提供常见的投诉渠道。

在营业网点或办公区域设立投诉受理点或是投诉接待处，由专人负责接待投诉客户；提供多种投诉渠道，如口头、书面、电话、网络等；24 小时受理投诉；简化投诉流程，不需提供太多的证明材料；积极快速地受理投诉。

（2）降低投诉时间和成本。

使用一些方法尽量降低投诉的成本，节省客户的时间，如设立免费投诉电话；在选择投诉处理点时考虑客户的地理位置和交通等因素；通过网络建立投诉电子信箱或是通过企业门户网站设立服务平台，方便客户在线交流、解决问题。

3. 公平性

投诉管理体系要确保客户和引发投诉的员工在解决投诉问题的过程中得到公平对待，对投诉的调查和处理要客观公正。无论是新客户还是老客户，是大客户还是普通客户，是当面投诉还是电话投诉，都一视同仁，公平对待；同时，对于被投诉的企业内部员工，也要保证其受到公平的对待，他有权知道投诉的真相，并对投诉结果进行申诉。

三、物流客户投诉管理体系的建设

在物流客户投诉管理体系的建设中，合理的制度是一切工作的准绳，组织架构和人员的挑选是建设的关键，而适当的评价和反馈机制是良性发展的保障。

（一）制度建设

1. 制定一套投诉处理的标准

物流企业处理客户投诉，一定要按照相同的标准，让每一个投诉事件的处理具有一致性。如果同一类型的客户投诉，因为投诉处理人员的不同而有不同的态度、做法与结果，势必损害企业形象，让客户丧失信心。

2. 制定一套处理投诉的作业流程

为了让客户服务人员能以公平、一致的态度对待所有投诉，也为了提高投诉处理的效率，物流企业必须根据本身的规模、业务状况、投诉的方式与类型，归纳处理投诉的作业要领，并编制成册，既可以成为投诉处理的依据，还可以作为员工培训的教材。

3. 制定奖惩措施

客户服务人员的服务出现差错，会找借口推卸责任，其他客户服务人员为求和气也不愿指出责任，这些都会影响处理的效率和效果。物流企业需要制定有针对性的奖惩措施，对敢于指出其他人错误的客户服务人员给予奖励，对主动承认自身错误并积极采取补救措施的客户服务人员不追究责任，对隐藏甚至是抵赖自身错误的客户服务人员给予严厉的处罚等。

4. 实施专项培训制度

有关统计数据表明，物流企业受理的投诉中，直接为客户提供商品或服务的客户服务人员被投诉所占的比例为65%，因此客户服务人员水平的高低直接影响客户的满意度和服务补救的效果。所以，对客户服务人员进行专项培训，使其掌握客户投诉处理的知识和技能是非常重要的。培训的重点包括口头沟通技巧、倾听客户投诉、如何向客户道歉、分析客户问题、采取行动及变通规则等。

5. 建立适当授权制度

客户服务人员在接到投诉时常感到有心无力，很多事情都不能做主。为了提高客户服务人员在现场快速反应的能力，物流企业有必要对客户服务人员进行适当授权，让他们在一定程度上具有解决客户问题的权力。同时，授权可以增强客户服务人员的责任感，提高其工作的积极性、主动性和创造性。

（二）客户投诉管理人员/部门及职责

1. 有机会和客户接触的一线员工

导购员、客户服务人员、送货人员、安装维修人员等，他们往往是第一时间听到客户的不满和接受客户投诉的人，他们的职责如下。

（1）主动征求客户的意见。

（2）受理客户的投诉，并对投诉作出答复或将信息移交给投诉受理的部门。

客户投诉、咨询时，第一个当面接待者即为首问负责人，特指直接面对客户受理各类咨询和投诉者，如送货员、营业员、客户接待值班人员和客户直接来企业投诉的第一接待者（全体员工）。客户来电话投诉、咨询时，第一个接听电话者即为首问负责人。客户来信或来函投诉、咨询时，指定收信部门和个人即为首问责任人，无指定部门和个人的，负责拆阅者即为首问负责人。

2. 指定的投诉受理部门

投诉咨询服务中心、客户服务部门、售后服务部门等为指定的投诉受理部门，其职责如下。

（1）负责设置和管理投诉渠道，确保投诉渠道方便可行、通畅无阻。

（2）负责受理、记录、调查、核实，及时答复客户的投诉。

（3）负责处理和解决客户的问题，联系和协调相关部门制定投诉解决方案。

（4）负责将重大和疑难投诉问题移交相关管理部门进行升级处理。

3. 技术支持部门

技术开发部、生产部、网络运行部、工程建设部、系统维护部等为技术支持部门，其职责如下。

（1）负责处理和解决客户投诉问题，为受理部门提供建议、指导和技术支持。

（2）负责配合受理部门进行调查研究，确定和分析事故原因，提出解决方案。

（3）负责投诉后采取纠正措施和预防措施。

4. 投诉管理部门

质量管理部、总经理办公室、市场经营部、服务督查部等为投诉管理部门，其职责如下。

（1）负责策划、建立和维护良好的客户投诉管理体系。

（2）负责宣传企业的投诉方针、投诉方式和投诉渠道。

（3）负责协调、督查、管理和指导投诉受理部门、技术支持部门及相关人员的工作。

（4）负责升级处理和答复重大的客户投诉。

（5）负责客户投诉的回访，定期调查客户满意度，对投诉信息进行统计和分析。

（6）负责投诉管理体系的定期内部审核、管理评审和持续改进工作。

（三）物流客户投诉管理流程

流程是一组将输入转化为输出的相互关联或互相作用的活动。物流客户投诉管理流程是组成物流客户投诉管理体系的主体部分，加强对流程的控制，可以保证管理体系达到预期目的。

物流客户投诉管理的实质就是一个将客户投诉转化为客户满意的过程，因此投诉管理的核心必然和投诉处理直接相关。物流客户投诉管理流程可以分为投诉正常管理流程和投诉升级管理流程。

1. 投诉正常管理流程

（1）采用投诉正常管理流程的时机。

①投诉的事项有明确的文件规定或工作指南可以正常处理时。

②投诉的信息清楚无误，足以做出判断时。

③受理人有足够的权限可以进行处理时。

④客户接受企业预定的解决方案时。

（2）投诉正常管理流程的内容。

①受理投诉，记录内容。客户服务人员收集或记录客户投诉意见，包括投诉人的联系方式、投诉时间、投诉的问题、投诉的对象及客户希望得到的解决方法等信息。

②判断投诉是否成立。了解客户投诉的内容，投诉受理部门要判定客户投诉的理由是否充分，投诉要求是否合理。如果投诉不能成立，即以委婉的方式答复客户，取得客户的谅解，消除误会。

③分析投诉原因，确定责任部门。根据客户投诉的内容，投诉受理部门要查明客户投诉的具体原因及造成客户投诉的责任部门或具体责任人。

④提出处理方案。对于客户投诉的问题，投诉受理部门和相关的责任部门应根据实际情况立即执行处理方案，采取一切可能的措施进行补救。

⑤实施处理方案。投诉受理部门应在规定的时间内解决问题；对于暂时无法解决的问题，需要给出客户相关的进一步承诺。

⑥客户回访。投诉受理部门要跟踪整个处理过程，并及时收集客户的反馈意见，了解客户对处理方案的满意度；如果客户对处理方案仍然不满，需要进入投诉升级管理流程，进一步更改解决方案，直到客户满意。

⑦总结评价。投诉受理部门需将投诉已经解决的方案、处理结果等资料归档，以备进一步总结和考核；同时，对投诉处理过程进行总结与综合评价，吸取经验教训，提出改进对策，不断完善企业的经营管理和业务运作模式，以提高客户服务质量和服务水平，降低投诉率。

2. 投诉升级管理流程

（1）采取投诉升级管理流程的时机。

①处理投诉所需采取的行动超出了受理员工规定的权限。

②可能对企业的声誉或经济造成重大影响的投诉。

③客户不接受受理员工提出的解决方案。

（2）投诉升级管理流程的重要性。

①快速的行动对投诉处理非常重要，升级管理流程可以避免投诉处理因为某些人为因素而停滞不前。

②当投诉处理人和客户发生分歧时，升级管理流程可以了解对立的情况，避免小的投诉演变成大问题。

③升级管理流程，使企业能够有足够的资源来处理严重、复杂的投诉问题。

（3）投诉升级管理流程的内容（见图 5-1）。

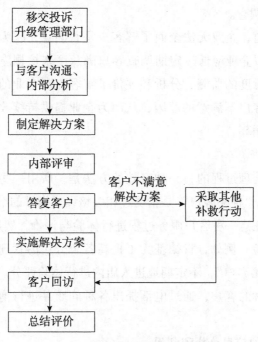

图 5－1 投诉升级管理流程的内容

（四）物流客户投诉管理的跟踪评价

1. 物流客户投诉管理过程的监视和测量

采取措施对投诉处理过程进行监视，当发现投诉管理过程未能达到预期的效果时，应采取有效的纠正措施，以确保投诉管理体系按预定的目标运行。监视和测量方法包括方案评审、客户回访、客户满意度调查、神秘客户调查等。

（1）方案评审。

对涉及升级投诉的一些较复杂的和重大的投诉，应建立针对解决方案的评审制度，以确保方案的合理性、公平性和有效性，未经评审的方案不得采取行动。参加评审的人员可以包括企业的高层领导、技术支持部门人员、责任部门人员等，必要时可邀请客户参加评审。

（2）客户回访。

对投诉处理后的客户进行回访是投诉处理过程中的一个重要环节。回访可以帮助企业对投诉处理服务质量进行控制，了解客户对投诉处理的满意程度，发掘客户内心的真正需求，同时还能将投诉转化为另一次销售机会。

研究显示，那些对投诉处理感到满意的客户，约 50% 会重复购买，得到满意解决的投诉者往往比那些从来不投诉的客户更容易成为企业的忠诚客户。

（3）客户满意度调查。

仅仅依靠投诉渠道，企业无法全面了解客户是否满意，因为大部分不满意客户不会采取投诉行动，所以企业应通过定期调查客户满意度来挖掘隐藏在客户内心的不满因素。通过对客户满意度的监测、分析和评价了解客户对企业的满意程度，通过进一步的分析和评价找出客户不满意的原因，从而为企业提供持续改进的机会和方向，使企业的发展进入良性循环。

（4）神秘客户调查。

监视和测量投诉处理过程的另一种有效的方法是，雇用一些人装扮成客户来测试企业的投诉处理水平。"神秘客户"是指受过相关培训或指导的个人，以潜在消费者或真实消费者的身份对任意一种客户服务过程进行体验与评价，然后通过某种方式详细、客观地反馈其消费体验。例如，肯德基为了提高各个分店的管理和服务水平，专门培训了一些人扮成"神秘客户"，不定期地进入店内进行体验评分。物流企业也可采取这种方式，如扮成要投诉的客户，通过电话提出各种问题并进行抱怨，考察客户服务人员如何应答等。

2. 物流客户投诉的信息分析和利用

企业应收集、整理和分析有关投诉的数据，对有建设性意见的信息进行加工利用，为企业在产品开发、营销、客户服务等方面提供决策依据。

确定、收集与投诉有关的数据，这类数据包括：

①受理投诉的数量、种类、严重程度；

②处理投诉耗费的成本；

③处理投诉失败的次数，处理投诉超过时限的次数；

④重复出现类似投诉的比例；

⑤客户满意度；

⑥投诉处理客户满意率。

最后，要把投诉信息转化为资源。对于企业来说，谁能首先在客户的投诉中发现并解决问题，谁就能比竞争对手更有效地赢得客户、占领先机。对投诉信息进行数据分析，可以掌握产品和服务质量的变化趋势，及时采取补救措施，防止投诉的再次发生；更重要的是投诉信息可以成为企业了解客户需求变化、改进工作的重要信息资源，通过对这些数据的整理、统计、分析，挖掘出隐藏在深处的客户要求。比如，通过对客户投诉内容频次的分析，可以调整服务改进的重点；通过对被投诉员工集中趋势的分析，可以调整员工的培训计划和重点；通过对客户投诉原因的分析，可以进一步完善业务流程和技术改造，调整产品开发和服务改进的计划等。

第三节　客户投诉管理技巧

客户进行投诉，表示客户对销售服务工作不满意，售后服务工作中最棘手的就是处理此类事情。但是，处理好客户的投诉会收到良好的效果。客户有投诉，表明他们对这笔生意仍有期待，希望企业能改进服务水平。他们的投诉实际上是企业改进销售工作、提高客户满意度的机会。如果客户提出的问题能得到圆满解决，其忠诚度会比从来没有遇到过问题的客户高很多，客户的投诉与抱怨并不可怕，可怕的是不能有效地化解投诉，最终导致客户流失。

一、处理物流客户投诉的原则

处理客户投诉是一项复杂的系统工程，尤其需要经验和技巧，妥善处理好绝不是一件易事，那么如何才能处理好客户的投诉呢？

1. 耐心多一点

在实际处理过程中，要耐心地倾听客户的抱怨，不要轻易打断客户的叙述，也不要批评客户的不足，而是鼓励客户倾诉，让他们尽情宣泄心中的不满。当你耐心听完了客户的倾诉与抱怨后，当他们得到了发泄的满足之后，就能够比较自然地听得进你的解释和道歉了。

2. 态度好一点

客户进行投诉就表示对产品及服务不满意，从心理上来说，他们会觉得是企业亏待了他。因此，如果在处理过程中服务人员态度不友好，会让他们的心理感受及情绪很差，会恶化与客户之间关系；反之，若服务人员态度诚恳，礼貌热情，会降低客户的抵触情绪。

3. 动作快一点

处理投诉的动作快，一来可让客户感受到尊重，二来表示解决问题的诚意，三来可以及时防止客户的"负面污染"对业务发展造成更大的伤害，将损失减至最小。一般接到客户投诉的信息，应立即向客户打电话或通过邮件等方式了解具体内容，然后在内部协商好处理方案，最好当天给客户答复。

4. 语言得体一点

客户对产品和服务不满，在发泄不满的陈述中有可能会言语过激，如果处理过程中与之针锋相对，势必会恶化彼此的关系。在解释问题的过程中，要注意措辞，合情合理，得体大方，不要说伤人自尊的话，尽量用委婉的语言与客户沟通。即使是客户的行为存在不合理的地方，也不要过于冲动。否则，只会使客户失望并很快离去。

5. 补偿多一点

客户投诉，很大程度是因为他们觉得自己的利益受损。因此，客户投诉之后，往往希望得到补偿，这种补偿有可能是物质上的（如更换产品、退货或赠送礼品等），也可能是精神上的（如道歉等）。在补偿时，如果客户得到额外的收获，他们会感受到你的诚意并再次对企业建立信心。

6. 层次高一点

客户提出投诉之后都希望自己的问题受到重视，往往处理这些问题的人员的层次会影响客户期待解决问题的情绪。如果高层次的领导能够亲自到客户处处理或打电话慰问，就会化解客户的许多怨气和不满，使客户比较容易配合服务人员对问题进行处理。因此，处理投诉时，如果条件允许，应尽可能提高处理问题的服务人员的级别。

7. 办法多一点

很多企业在售后服务中，处理客户投诉的手段就是给客户慰问、道歉或补偿产品、赠送小礼品等，其实解决问题的办法有许多种。除上述手段外，可邀请客户了解无此问题出现的客户使用产品的情况，或邀请他们参加内部讨论会，或给他们奖励，等等。

二、物流客户投诉处理技巧

1. 虚心接受客户投诉，耐心倾听对方诉说

客户只有在利益受到损害时才会投诉，客服人员要专心倾听，并对客户表示理解，做好纪要。待客户叙述完后，复述其主要内容并征询客户意见，对于较小的投诉，自己能解决的应马上答复客户；对于当时无法解答的，要做出时间承诺。在处理过程中，无论进展如何，到承诺的时间一定要给客户答复，直至问题解决。

2. 设身处地，换位思考

当接到客户投诉时，首先要有换位思考的意识。如果是企业的失误，首先要代表企业道歉，并站在客户的立场上为其设计解决方案。对问题的解决也许有三到四套方案，可将自己认为最佳的一套方案提供给客户；如果客户提出异议，可再换另一套，待客户确认后再实施。当问题解决后，还要征求客户对该问题的处理意见，争取下一次合作机会。例如，某货运公司的 A、B 两名销售人员分别有一票 FOB（离岸价格）条款的货物，均配载在 D 轮上。开船后第二天，D 轮与另一艘船相撞，造成部分货物损失。接到船东的通知后，两位销售人员的解决方法如下：A 销售员马上向客户催收运杂费，收到费用后才告诉客户船损一事；B 销售员马上通知客户事故情况并询问该票货物是否已投保，积极协调承运人查询货物是否受损并及时向客户反馈，待问题解决后才向客户收费。结果 A 销售员的客户货物最终没有损失，但在客户知道真相后，对 A 销售员及其公司表示不满并终止合作。B 销售员的客户事后给该公司写来了感谢信，并扩大了双方的合作范围。

3. 承受压力，用心去做

当利益受损时，客户着急是不可避免的，甚至会有一些过分的要求。作为客服人员，此时应能承受压力，面对客户始终面带微笑，并用专业的知识、积极的态度解决问题。例如，某货运公司接到国外代理指示，有一票货物从国内出口到澳大利亚，发货人是国内的 H 公司，货运公司的业务员 A 与 H 公司的业务员 D 联系订舱并上门取报关单据，D 因为自己有运输渠道，不愿与 A 合作，而操作过程中又因航班延误等原因对 A 出言不逊，不予配合。此时，A 冷静处理，将 H 公司当作重要客户对待。此后，D 丢失了一套结关单据，A 尽力帮其补齐。最终，A 以自己的服务和能力赢得了 D 的信任，同时得到了 H 公司的认可，合作领域进一步扩大。

4. 有理谦让，处理结果超出客户预期

纠纷出现后要用积极的态度去处理，而不应回避。在客户联系你之前要先与客户沟通，让他了解每一步进程，争取圆满解决并使最终结果超出客户的预期，让客户满意，从而在解决投诉的同时抓住下一次商机。例如，C 公司承揽一票 30 标箱的海运出口货物，由于轮船爆舱，在不知情的情况下被船公司甩舱。发货人知道后要求 C 公司赔偿因延误运输而产生的损失。C 公司首先向客户道歉，然后与船公司交涉，经过努力，船公司同意该票货物改装 3 天后的班轮，考虑到客户损失，运费按八折收取。C 公司经理还邀请船公司业务经理一起到客户处道歉，并将结果告诉客户，最终得到谅解。该纠纷圆满解决，货主方经理非常高兴，并表示："你们在处理纠纷的同时，进行了一次非常成功的营销活动。"

三、客户抱怨管理的禁忌

雷区一："蹚浑水"。

面对一次投诉，一定要搞清楚客户是否已与相关人员沟通过了，即在你之前是否有受理人，最重要的是那个受理人是不是你的上级或者其他相关受理部门。原因很简单：其一，面对一位多次投诉的客户，你手里掌握的能应对他的资料，他比你还要清楚，反复解释倒不如找找之前的那个受理人；其二，倘若之前你的上级或相关受理部门已经过问了这个投诉客户，试想你是不知道他们沟通的情况的，那么客户之所以再次来电一定是对相关的解释不满，那么面对你权限之外的问题最好不要涉足，还是记录、转达为妙，当然，你还要有一个亲和、真诚的态度，以免"城门失火，殃及池鱼"。

雷区二：事不关己。

任何一则投诉都是有原因的，客户是不开心的，或者说随时都会不开心，他的情感"沸点"是很低的。如果你采用一贯的应对流程，在言语中表现出事不关己的态度或措辞，那么客户脆弱的"沸点"是会随时到达的，因此处理投诉不能像其他服务那

么流程化，一定要打起十二分的精神，不论问题出在什么地方、不论对方是否打错了客服电话，作为服务人员一定要先表示歉意再分析问题。需注意的是，这里的歉意可不是一句简单的"对不起"，要知道不具有人性化的道歉是不真诚的，敏感的客户通过对话是能体会到的，所以你一定要流露出温柔与真诚。那么即使真是企业错了，客户对了，投诉客户也不会太为难你。

雷区三：互相推诿。

客户当中不乏专业人士，面对要个说法的客户，简单的责任推诿只能使投诉升级。

雷区四：错误的客户定位。

投诉的客户有理智型、激动型、发泄型、责难型等，罗列应对每种客户的方法是个大工程，为了便于操作可将其大致划分为两类：①寻求客户尊重，即精神需求；②要求额外的客户尊重，即物质补偿。一般情况下，只要客服人员应对得体，后续工作及时，如换货、上门维修等，是不会造成投诉升级的。

课后复习

习题

1. 请结合实例分析物流客户抱怨和投诉产生的原因有哪些？
2. 正确处理物流客户投诉的流程有哪几个步骤？
3. 物流客户投诉管理体系有哪些特征？
4. 结合具体问题说明处理物流客户投诉的技巧有哪些？

实训

分析物流客户投诉产生的原因

1. 实训目的

通过角色扮演模拟物流服务现场投诉的产生，以增强学生对投诉产生原因的直观认识。

2. 实训方案

（1）人员：以小组为单位，实行组长负责制，一般5~6人为一组开展实训。

（2）时间：与本章第一节第二部分的学习同步进行。

（3）地点：教室。

（4）方式：在教师的指导下，每位同学分别扮演物流客户服务人员和客户，结合所学知识点，模拟现场情境。由各组组长牵头，然后由组长指定小组成员在全班进行模拟表演，最后由现场观众说出观看的感受，由教师进行实训总结。

3. **实训要求**

（1）实训之前只需对本章知识点进行简单的了解，在实训完成后通过学生和教师的共同总结来加强记忆。

（2）以小组为单位，在小组内进行角色分工，并进行角色互换，使每一位学生都能充分感受不同角色的权责。

（3）教师要鼓励每一位学生积极参与，对于表现踊跃的学生可以给予适当的鼓励。

案例阅读

治标不治本，终将是中通快递的一个痛

中通快递（以下简称中通）是中国规模化快递企业中最年轻的，最后却成长为业务量最大的快递公司，靠的就是深度绑定电商平台。2016 年，中通成功登陆美国纽约证券交易所，创当年美国证券市场最大 IPO（首次公开发行），中通在美国上市，向全世界打开了一扇了解中国快递发展的"窗口"。然而现在来看，中通虽在"通达系"里是领跑者的角色，不过在公司运营管理中仍然存在不少问题。

网友张女士发微博称，她 9 月中旬网购了一只筋膜枪，两天后收到快递时，发现快递包裹上写了许多侮辱性文字，她多次向中通投诉未果，又向邮政业申诉服务平台反映此事，希望查到谁写了这些侮辱性文字，但未得到回复。通过网络曝光后，这一事件在国庆期间直冲热搜。

当事人张女士称，她是 9 月 10 日在拼多多上买的筋膜枪，12 日到货。在快递网点取快递的时候发现包裹的外包装上写着字。外包装没有黑色袋子，一目了然是侮辱性文字。当时很气愤，不敢相信。发现这一情况后，张女士马上联系了快递点老板调取监控。监控视频显示，9 月 12 日 6 时 59 分 39 秒，一名男性分拣员在整理快递时，发现了疑似张女士的快递包裹。他拿起包裹观察约 24 秒后，于 7 时 0 分 03 秒，将包裹递给对面的女性分拣员，女性分拣员拿起看了一段时间后，又将包裹放回传送带上。

张女士当天对中通进行了投诉，要求中通调监控找到写字辱骂的人并严惩，并且在晚上报了警。对警方而言，需要的是证据，在无证据的情况下，警方没有办法介入。她连续两次投诉都被中通售后阻挠、无视，第二天强制结案。

直到 7 天后，张女士向邮政业申诉服务平台投诉前，中通都没有给出一个明确的答复，以各种理由搪塞，并且想以 50 元到 1000 元补偿息事宁人。直到 9 月 30 日，当地派件分拣中心的老板与当事人张女士联系，他表示上面要求他解决此事，协商处理办法。张女士还透露，快递公司已向其道歉并提出赔偿，但被她拒绝。她表示自己的

诉求是查出写侮辱文字的人，让其向自己道歉并赔偿；同时要求快递公司对其处罚，并对投诉处理机制进行改善。

　　直到10月3日，涉事快递公司总部相关负责人称在接到客户对此次事件的投诉后，中通安检部、客服部已经开始调查，并且和发件商家客户、发件网点、义乌分拨中心、鄂州分拨中心和派件网点等多方进行核实。但由于快递经手人员及环节众多，核实需要时间，目前还未查到真相。

　　对于此事，律师表示，快递方面负责承运快件，在运输过程中快件出现任何情况都应当及时向收件方反馈，并且及时处理，公然侮辱应承担相应法律责任。

　　相信中通能给大家一个满意的答复！

　　思考：

　　1. 结合所学知识，针对文中客户的投诉，请你给中通提出合理的解决办法。

　　2. 在快递业务量越来越大的今天，怎样才能减少类似事件的发生？可以从不同的角度谈谈你的看法。

第六章　数据挖掘及其应用

农夫山泉股份有限公司用大数据卖矿泉水

企业对于数据的挖掘使用分三个阶段：第一阶段是把数据变得透明，让大家看到数据，能够看到的数据越来越多；第二阶段是可以提问题，可以形成互动，用很多支持的工具来做出实时分析；第三阶段是用信息流来指导物流和资金流。

2011年6月，SAP（思爱普）和农夫山泉股份有限公司（以下简称农夫山泉）开始共同开发基于"饮用水"这个产业形态的运输环境的数据场景。农夫山泉将自己定位成"大自然搬运工"，在全国有十多个水源地。农夫山泉把水灌装、配送、上架，一瓶超市售价2元的550mL饮用水，其中3毛钱花在了运输上。在农夫山泉内部，有着"搬上搬下，银子哗哗"的说法。如何根据不同的变量因素来控制自己的物流成本成为问题的核心。基于上述场景，SAP团队和农夫山泉开始了场景开发，他们纳入很多数据：高速公路的收费、道路等级、天气、配送中心辐射半径、季节性变化、不同市场的售价、不同渠道的费用、各地的人力成本，甚至突发性的需求（如某城市召开一次大型运动会）也纳入其中。

在没有数据实时支撑时，农夫山泉在物流领域花了很多冤枉钱。比如，某个小品相的产品（350mL饮用水），在某个城市的销量预测不到位时，公司以往通常的做法是通过大区间的调运来弥补终端货源的不足。华北往华南运，运到半道的时候，发现华东实际有富余，从华东调运更便宜。但很快发现对华南的预测有偏差，华北短缺更为严重，华东开始往华北运。此时如果太湖突发一次污染事件，很可能华东又出现短缺。

这种无头苍蝇的状况让农夫山泉头疼不已。在采购、仓储、配送这条线上，农夫山泉特别希望通过大数据的获取解决三个顽症：首先，解决生产和销售的不平衡，准确获知该产多少、送多少；其次，让办事处、配送中心能够纳入体系，形成一个动态网状结构，而非简单的树状结构；最后，让退货等问题与生产系统能够实时连接起来。也就是说，销售的最前端成为一个个"神经末梢"，它的任何一个痛点，在"大脑"这里都能快速感知到。

农夫山泉选择SAP Hana的目的只有一个，即快些、再快些。采用SAP Hana后，同等数据量的计算速度从过去的 24 小时缩短到了 0.67 秒，几乎可以做到实时计算结果，这让很多不可能的事情变为了可能。有了强大的数据分析能力做支持后，农夫山泉以 30% ~40% 的年增长率凭借饮用水成功打开市场。

随着大数据时代、信息爆炸时代的来临，产生了越来越多的数据，怎么有效地利用这些数据就成了一个重要的问题。只有通过有效的工具合理地利用这些数据，才能提炼出真正有价值的知识。否则，我们将被大量的数据淹没。

第一节　数据挖掘技术

数据挖掘是近年来随着人工智能和数据库技术的发展而出现的一门新兴技术。它是从大量的数据中筛选出隐含的、可信的、新颖的、有效的信息的高级处理过程。

数据挖掘是面向事实的。在数据挖掘中，数据分为训练数据、测试数据和应用数据三大部分，而这三部分的比例依据经验来确定。数据挖掘力图在训练数据中发现事实，并以测试数据作为检验和修正理论的依据，而最后把知识应用于数据中。数据挖掘的关键性思路为"实事求是"。"实事"即"数据"，"求"就是去发现、去挖掘、去探索，"是"即数据中隐藏的规律。

一、数据挖掘的定义

不同的研究机构由于观点和背景的不同，对数据挖掘有不同的定义。可以从技术角度进行定义，也可以从商业角度进行定义。

（一）技术角度的定义

数据挖掘就是从大量的、不完全的、有噪声的、模糊的、随机的实际应用数据中，提取隐含在其中的、人们事先不知道的，但又是潜在有用的信息和知识的过程。

与数据挖掘相近的词有数据融合、数据分析和决策支持等。这个定义包括好几层含义：数据源必须是真实的、大量的、含噪声的；发现的是客户感兴趣的知识；发现的知识要可接受、可理解、可运用。

何谓知识？从广义上理解，数据、信息也是知识的表现形式，但是人们更倾向于把概念、规则、模式、规律和约束等看作知识。人们把数据看作形成知识的源泉，就像从矿石中采矿或淘金一样。原始数据可以是结构化的，如关系数据库中的数据；也可以是半结构化的，如文本和图像数据；甚至可以是分布在网络上的异构型数据。发现知识的方法可以是数学的，也可以是非数学的；可以是演绎的，也可以是归纳的。

发现的知识可以被用于信息管理、查询优化、决策支持和过程控制等，还可以被用于数据自身的维护。因此，数据挖掘是一门交叉学科，它把人们对数据的应用从低层次的简单查询提升到从数据中挖掘知识，提供决策支持。这种需求吸引了不同领域的研究者，尤其是数据库技术、人工智能技术、数理统计、可视化技术、并行计算等方面的学者和工程技术人员投身数据挖掘这一新兴的研究领域，形成了新的技术热点。

（二）商业角度的定义

数据挖掘是一种新的商业信息处理技术，其主要特点是对商业数据库中的大量业务数据进行抽取、转换、分析，以及进行其他模型化处理，从中提取辅助商业决策的关键性数据。

简而言之，数据挖掘其实是一类深层次的数据分析方法。数据分析本身已经有很多年的历史，只不过在过去，数据收集和分析的目的是用于科学研究；另外，受到当时计算能力的限制，复杂数据分析方法有限。现在，商业领域产生了大量业务数据，这些数据不再是为了分析的目的而收集的，而是由于商业运作产生的。分析这些数据也不再是单纯为了研究的需要，更主要是为商业决策提供真正有价值的信息，进而获得利润。但所有企业面临的一个共同问题是企业数据量非常大，其中真正有价值的信息却很少，因此从大量数据中深层分析，获得有利于商业运作、提高竞争力的信息，就像从矿石中淘金一样，数据挖掘也因此而得名。

综上，数据挖掘可以描述为：按企业既定业务目标对大量的企业数据进行探索和分析，揭示隐藏的、未知的或验证已知的规律性，并进一步将其模型化的先进有效的方法。

二、数据挖掘的作用和意义

许多企业有数以百万计的历史数据，要通过传统的统计等分析方法精密分析相当困难，容易错失企业应有的商机；而数据挖掘工具能从庞杂的信息中筛选出有用的数据，以公正客观的统计分析，快速、准确地得知企业经营的信息，从而找出销售模式，正确掌握未来的经营动态。

数据挖掘通过高等统计工具的使用，从数据库或其他电子文档中识别对商业有用的样本或关系的程序，并收集与客户相关的数据，利用统计分析与人工智能技术，针对大量数据进行筛选、推导与模型构造等操作，以揭露隐含在数据与模型中的闪光点，从而把原始数据转换成商机，成为决策依据。从客户关系管理的整体结构来说，数据挖掘是整个客户关系管理最重要的一个阶段，也是商业智能整体解决方案的基础。

完整的数据挖掘可以实现准确的目标市场营销，当分析工具及技术成熟时，加上数据存储提供大量存储客户数据的能力，可利用数据挖掘进行大规模的客户定制，准确地对客户做一对一营销。只有企业对客户有充分的了解，才能有效地和客户建立亲密的关系，进而有效地进行营销，创造商机。数据挖掘是客户关系管理中的关键阶段，通过数据挖掘，能有效地提供营销和服务的决策支持，让工作人员得到充分的信息而展开行动，并于适当的时间和地点给客户提供适当的产品及服务。

企业一旦提高了对客户的了解程度，针对目标市场营销的准确度就会大幅提高，这将直接影响成交的比例。在竞争激烈的市场环境中，如果能了解客户的需求，就可以有效地过滤无效的原始数据，从而在接触客户以前就能知道客户可能是未来成交的对象，避免以往无目标的营销策略，从而较其他竞争者优先获得商机。

三、数据挖掘的发展历程

随着数据库技术的迅速发展及数据库管理系统的广泛应用，人们积累的数据越来越多。激增的数据背后隐藏着许多重要信息，人们希望能够对其进行更深层次的分析，以便更好地利用这些数据。目前的数据库系统可以高效地实现数据的录入、查询、统计等功能，但无法发现数据中存在的关系和规则，无法根据现有的数据预测未来的发展趋势。缺乏挖掘数据背后隐藏的知识的手段，导致"数据爆炸但知识贫乏"的现象。

数据挖掘其实是一个逐渐演变的过程。在电子数据处理的初期，人们就试图通过某些方法实现自动决策支持，当时机器学习成为人们关心的焦点。机器学习的过程就是将一些已知的并已被成功解决的问题作为范例输入计算机，机器通过学习这些范例，总结并生成相应的规则。这些规则具有通用性，使用它们可以解决某一类问题。随后，随着神经网络技术的形成和发展，人们的注意力转向知识工程。知识工程不像机器学习那样给计算机输入范例，让它生成规则，而是直接给计算机输入已被代码化的规则，计算机则通过使用这些规则来解决某些问题。专家系统就是用这种方法获得的成果，但它存在投资大、效果不甚理想等不足。20世纪80年代，人们又在新的神经网络理论的指导下重新回到机器学习的方法上，并将其成果应用于处理大型商业数据库。20世纪80年代末出现一个新的术语，即数据库中的知识发现，简称KDD（Knowledge Discovery in Database），它泛指所有从源数据中发掘模式或联系的方法。人们接受了这个术语，并用它来描述整个数据发掘的过程，包括从开始的制定业务目标到最终的结果分析。但人们却逐渐发现数据挖掘中有许多工作可以由统计方法来完成，并认为最好的策略是将统计方法与数据挖掘有机地结合起来。

数据挖掘的核心模块技术历经了数十年的发展，其中包括数理统计、人工智能、机器学习。今天，这些成熟的技术加上高性能的关系数据库引擎以及广泛的数据集成，让数据挖掘技术在当前的数据仓库环境中进入了实用的阶段。

四、数据挖掘的任务

数据挖掘任务主要包括以下几个方面。

（一）总结规则挖掘

总结规则挖掘所要做的是从客户指定的数据中挖掘出（从不同的角度或在不同的层次上）平均值/极小值/极大值、总和、百分比等。挖掘结果运用交叉表、特征规则和统计的曲线图表等表示。

（二）关联规则挖掘

关联规则挖掘所要做的是从客户指定的数据库中挖掘出满足一定条件的依赖性关系。关联规则形如"A1 ~ A2，支持度 = S，信赖度 = C"，其中 S 和 C 为客户指令的支持度和信赖度的门限值。此种关联规则挖掘可以在不同的抽象概念层次上进行。例如，R_1 "尿布 ~ 啤酒，支持度 = 5%，信赖度 = 50%"与 R_2 "婴儿用品 ~ 饮料类，支持度 = 25%，信赖度 = 80%"相比，R_2 在更高的抽象层次上更为客观，因而有较大的支持度与信赖度，更适合高层决策的需求。

（三）分类规则挖掘

分类规则挖掘所做的是在已知训练信息的特征和分类结果的基础上，为每一种类别找到一个合理的描述或模型，然后再用这些分类的描述或模型对未知的新数据进行分类。

（四）群集（聚类）规则挖掘

群集（聚类）规则挖掘又称为无监督式的分类，其目的在于实事求是地按被处理对象的特征分类，有相同特征的对象被归为一类。它与分类规则挖掘的区别在于，分类是面向训练数据的，而群集则是直接对数据进行处理。在群集化作业中，我们并不需要事先定义好该如何分类，也不需要训练组的数据，数据是依靠本身的相似性而群集在一起的，而群集的意义也是要靠事后的解释才能得知的。

（五）预测分析

当分类的工作偏向于插入漏掉的数据、预测数据分类或发展趋势时，此时的工作即为预测分析。所有用来进行分类及估计的技术都可以经过修正之后，通过已知变量数值的训练组数据得到。其中，历史性数据是一个很好的来源。历史性数据可以用来建立模型，以检查近年来观察值的变化。若运用最新数据作为输入值，可以获得未来变化的预测值。像"购物篮分析"就可以预测在超市中哪些商品总是会被同时购买。而经过修正后，也可以通过最新的数据预测未来的购买行为。

（六）趋势分析

趋势分析又称时间序列分析，它是从相当长时间的发展中发现规律与趋势，根据数据随时间变化的趋势预测该数据将来的走向，即利用变量过去的值预测未来的值。

（七）偏差分析

偏差分析又称比较分析，它找出一系列判别式的规则，以区别系统设置的两个不同类别，是对差异和极端特例的描述，揭示事物偏离常规的异常现象，如标准类外的特例、数据聚类外的离群值等。

第二节　数据挖掘典型方法

数据挖掘的方法很多，大致可分为统计方法、机器学习方法、神经网络方法和数据库方法。其中，统计方法可细分为回归分析（多元回归、自回归等）、判别分析（贝叶斯判别、费歇尔判别、非参数判别等）、聚类分析（系统聚类、动态聚类等）、探索性分析（主元分析法、相关分析法等）及模糊集、粗糙集、支持向量机等。机器学习方法可细分为归纳学习方法（决策树、规则归纳等）、基于范例的推理（CBR）、遗传算法、贝叶斯信念网络等。神经网络方法可细分为前向神经网络（BP算法等）、自组织神经网络（自组织特征映射、竞争学习等）等。数据库方法主要是基于可视化的多维数据分析或联机分析处理（OLAP）方法，另外还有面向属性的归纳方法。下面简要介绍几种常用的方法。

一、神经网络方法

神经网络近来越来越受到人们的关注，因为它为解决复杂的问题提供了一种相对来说比较有效的简单方法。神经网络可以很容易地解决具有上百个参数的问题。神经网络常用于两类问题：分类和回归。

在结构上，可以把一个神经网络划分为输入层、输出层和隐含层。输入层的每个节点对应一个预测变量，输出层的节点对应的目标变量可有多个。在输入层和输出层之间是隐含层（对神经网络使用者来说不可见），隐含层的层数和每层节点的个数决定了神经网络的复杂度。

除了输入层的节点，神经网络的每个节点都与很多它前面的节点（称为此节点的输入节点）连接在一起，每个连接对应一个权重。此节点的值就是通过它所有输入节点的值与对应连接权重乘积的和作为一个函数的输入而得到的，我们把这个函数称为活动函数或挤压函数。

　　调整节点间连接的权重就是在建立（也称训练）神经网络时要做的工作。最早的也是最基本的权重调整方法是错误回馈法，现在较新的有变化坡度法、类牛顿法和遗传算法等。无论采用哪种训练方法，都需要有一些参数控制训练过程，以防止训练过度，控制训练速度。

　　决定神经网络拓扑结构（或体系结构）的是隐含层及其所含节点的个数，以及节点之间的连接方式。要从头开始设计一个神经网络，必须要决定隐含层和节点的数目，活动函数的形式，以及对权重做哪些限制等。当然，如果采用成熟软件工具的话，它会帮你决定这些事情。

　　神经网络和统计方法在本质上有很多差别。神经网络的参数可以比统计方法多很多，参数通过各种各样的组合方式影响输出结果，以至于很难对一个神经网络表示的模型做出直观的解释。实际上，神经网络也正是当作"黑盒"来用的，不用去管"黑盒"里面是什么，只管用就行了。在很多复杂度很高的问题上，如化学试验、机器人的训练、金融市场的模拟和语言图像的识别等领域，神经网络都取得了很好的效果。神经网络的另一个优点是很容易在并行计算机上实现，可以把它的节点分配到不同的CPU（中央处理器）上并行计算。

　　在使用神经网络时有几点需要注意。第一，神经网络很难解释，目前还没有能对神经网络做出显而易见的解释的方法学。第二，神经网络会学习过度，在训练神经网络时一定要恰当地使用一些能严格衡量神经网络的方法，如测试集方法和交叉验证法等，这主要是由于神经网络太灵活、可变参数太多，如果有足够的时间，它几乎可以"记住"任何事情。第三，除非问题非常简单，否则训练一个神经网络可能需要相当长的时间才能完成，当然，神经网络一旦建立好了，在用它做预测时运行速度还是很快的。第四，建立神经网络需要做的数据准备工作量很大。要想得到准确度高的模型必须认真地进行数据清洗、整理、转换、选择等工作。

二、决策树

　　决策树提供了一种展示类似在什么条件下会得到什么值这类规则的方法。比如，在贷款申请中，要对申请的风险大小做出判断。决策树中最上面的节点称为根节点，是整个决策树的开始。决策树的每个节点子节点的个数与决策树在用的算法有关，如CART（分类与回归树）算法得到的决策树，每个节点有两个分支，这种树称为二叉树。允许节点含有多于两个子节点的树称为多叉树。每个分支要么是一个新的决策节点，要么是树的结尾，称为叶子。在沿着决策树从上到下遍历的过程中，每个节点都会遇到一个问题，对每个节点上问题的不同回答会导致不同的分支，最后会到达一个叶子。这个过程就是利用决策树进行分类的过程，利用几个变量（每个变量对应一个问题）来判断所属的类别（最后每个叶子会对应一个类别）。

数据挖掘中，决策树是一种经常要用到的技术，可以用于分析数据，也可以用来做预测。常用的算法有 CHAID（卡方自动交互检测法）、CART（分类回归树算法）、QUEST（多矢量定姿）等。建立决策树的过程，即树的生长过程，是不断地把数据进行切分的过程，每次切分都对应一个问题，也对应着一个节点。对每个切分，都要求分成的组之间的"差异"最大。

各种决策树算法之间的主要区别就是对这个"差异"衡量方式的区别。对具体衡量方式算法的讨论超出了本节讨论的范围，在此只需要把切分看成把一组数据分成几份，份与份之间尽量不同，而同一份内的数据尽量相同。这个切分的过程也可称为数据的"纯化"。

建立一棵决策树可能只要对数据库扫描几遍之后就能完成，这也意味着需要的计算资源较少，而且可以很容易地处理包含很多预测变量的情况，因此决策树模型可以建立得很快，并适合应用到大量的数据上。

对最终要拿给人看的决策树来说，在建立过程中让其生长得太"枝繁叶茂"是没有必要的，这样既降低了决策树的可理解性和可用性，也使决策树本身对历史数据的依赖性增强。也就是说，这棵决策树对应历史数据可能非常准确，一旦应用到新的数据，准确性却急剧下降，我们称这种情况为训练过度。为了使得到的决策树所蕴含的规则具有普遍意义，必须防止训练过度，因此需要有一种方法能让我们在适当的时候使决策树停止生长。常用的方法是设定决策树的最大高度（层数）限制树的生长；还有一种方法是设定每个节点必须包含的最少记录数，当节点中记录的个数小于这个数值时就停止分割。

对决策树常见的批评是：其在为一个节点选择分割方式时使用"贪心"算法。此种算法在决定当前这个分割时根本不考虑此次选择会对将来的分割造成什么样的影响。为此，目前新提出的一些算法开始在一个节点同时用多个变量决定分割方式。

决策树很擅长处理非数值型数据，这与神经网络只能处理数值型数据比起来省去了很多数据预处理工作。甚至有些决策树算法专为处理非数值型数据而设计，因此当采用此种方法建立决策树又要处理数值型数据时，反而要做把数值型数据映射到非数值型数据的预处理。

三、遗传算法

遗传算法是根据生物进化的模型提出的一种优化算法，它是基于进化理论，并采用遗传结合、遗传变异及自然选择等设计方法的优化技术。虽然遗传算法刚提出时没有受到重视，但近年来，人们把它广泛应用于学习、优化、自适应等问题中。遗传算法已在优化计算、分类、机器学习等方面发挥了显著作用。

遗传算法首先在解空间中取一群点，作为遗传开始的第一代。每个点（基因）用一二进制的数字串表示，其优劣程度用目标函数来衡量。在向下一代的遗传演变中，首先把前一代中的每个数字串根据由其目标函数值决定的概率分配到配对池中，好的数字串以高的概率被复制下来，劣的数字串被淘汰掉；然后将配对池中的数字任意配对，并对每一个数字串进行交叉操作，产生新的子孙（数字串）；最后对新的数字串的某一位进行变异，这样就产生了新的一代。按照同样的方法，经过数代的遗传演变后，在最后一代中得到全局最优解或近似最优解。

第三节　数据挖掘在物流客户关系管理中的应用

在整个物流客户关系管理系统中，主题分析逐渐成为应用的主导，对客户管理产生了许多量化指标，应用量化指标对客户进行管理，提高了科学性和正确性。对客户数据的分析更多体现在数据挖掘工具的使用上，数据挖掘在客户关系管理系统中有着重要的商业价值。现在国内外推出的诸多客户关系管理产品中，数据挖掘都作为一个重要的模块嵌在其中。单纯的操作型客户关系管理已逐渐被淘汰。

一、客户的细分

客户的细分是市场营销理论中很重要的一个环节。企业对客户进行细分后，可对不同的客户提供不同的产品或服务，以增加客户价值，尤其是对于挖掘黄金客户来说，寻求客户的"质量"是必不可少的。

细分是指将一个大的消费群体划分成一个个细分群体，同属一个细分群体的消费者彼此相似，而属于不同细分群体的被视为不同的消费者。

同一个细分群体中的消费者相似理由很多：他们可能在居住地域上相似，或者是他们思考或行为的方式相似，或者是他们的购买模式或购买习惯相同，等等。有时在分类时也要考虑实际业务需要或商家认为重要的因素。比如，喜欢使用进口药的属于一个细分群体，而喜欢国产药的是另一个细分群体；喜欢价格便宜药品的是一个细分群体，而喜欢价格贵的药品是另一个细分群体；等等。

从上述分析可知，细分可以让一个客户从比较高的层次查看整个数据库中的数据，也就是"鸟瞰"，这正是细分的意义所在。当然，细分也可使得我们用不同的方法对待处于不同细分群体的客户。

一个真正的细分必须满足以下条件：完整性，数据库中的每一个消费者都必须属于一个细分群体；互斥性，数据库中的任何一个消费者不能同属多个细分群体。

从客户关系管理的角度来看，基于数据挖掘技术进行客户细分的方式就更为复杂。

其细分是数据驱动的细分，而不是靠简单的单项指标进行分类。客户购买了某类产品，是客户实际做过的事，他在购买过程中留下的数据信息的多种组合就可供数据挖掘使用。

在客户的细分上如何使用数据挖掘呢？首先，数据挖掘可以用来根据客户的预测行为定义客户细分群体。比如，决策树上的叶子可视为一个独立的客户细分群体，每个叶子由某些特定的客户特征定义，所有符合这些特征的客户存在一些共同的预测行为。图6-1是一个利用决策树进行细分的例子，挖掘的数据之间保持了互斥性和完整性。

另外，其他的数据挖掘技术也可以用作客户的细分，如聚类方法。客户归为某个细分群体并没有什么特殊的理由，只是从总体来看，客户和同一个细分群体中的其他客户更相像。

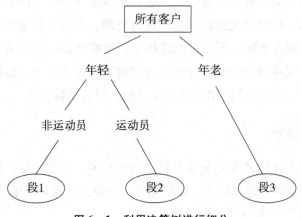

图6-1　利用决策树进行细分

应用数据挖掘技术的客户细分方式更能满足市场实际的需要。区别对待客户细分群体能使企业采取更为合理和科学的营销方式，提高营销的有效性。

二、客户的盈利能力分析

企业的利润与客户盈利能力这个指标息息相关，其实客户关系管理的核心就在于提高客户盈利能力。它和客户忠诚度正向相关，是数据挖掘的基础。数据挖掘技术往往是通过帮助企业理解和提高客户盈利能力来发挥作用的。如果一个企业不知道客户的价值，就很难判断什么样的市场策略是最佳的，可能产生对某些客户过度投资，而对某些客户投资不够等盲目的市场行为。

在进行挖掘应用之前，必须对客户价值进行分析。按照市场营销的理论，商家要从客户的角度衡量商品的价值。这种价值就是消费者由于购买商品而获得的价值，即消费者可见价值（CPV），用公式表示为：

$$CPV = PB/PS \qquad\qquad (6-1)$$

式中：PS——可见费用，包括购买价格、咨询费、培训费、运输费、安装费、修理费及维护费等；

PB——可见利益，包括商品效用、售后服务、提供保险、质量保证及技术支持等。

当然，由于消费者的资金状况、需求及偏好等各异，其可见价值也不尽相同。

客户和商家的关系不但影响再次购买，而且影响市场舆论。消费者在做出购买决策时，要考虑商家的资信品质、交货期、售后服务及技术支持等。它包含给消费者带来安全、信用、可靠等方面的"关系利益"（RB）。但有的商家忽略消费者所付出的"关系费用"（RS），如延迟交货导致成本增加的损失；办理发票、提货耽搁，造成时间的损失（时间费用）；担忧商家信用是否可靠、能否履行承诺、质量是否有保证，引起心理上的损失（心理费用）。因此，在分析消费者可见价值时，须考虑这种关系所包含的不可见的价值，即关系利益/关系费用。故式（6-1）应扩展为客户关系价值（V）：

$$V = (PB + RB) / (PS + RS) \qquad\qquad (6-2)$$

在价值分析中，客户关系价值分析的问题是：如何增加价值对商家和消费者都有利。增强商家同客户间的关系当然在于增加利益（$PB + RB$），减少费用（$PS + RS$），才能吸引消费者购买；商家与消费者构建买卖关系在于商家有可靠的资信，能及时交货，有良好的售后服务及技术支持，能给消费者带来安全、信用、可靠等方面的关系利益。与此同时，商家也获得了消费者的信赖和忠诚，从而建立、保持一种互利的长期关系。上述这种关系如图6-2所示。

客户关系价值从商家角度来看，代表了客户的盈利能力。在明确客户盈利能力的衡量指标后，对客户盈利能力大小的分类和管理成为分析型客户关系管理系统的重心，数据挖掘技术在其中起到了关键作用。

金融企业有一份研究显示，10%的销售额也许仅仅需要1%左右的客户就够了，而实现10%的销售利润也许连1%的客户都用不着。也就是说，对于一家拥有500万个客户、年利润15亿元的银行来说，不到5万个客户就能实现1.5亿元的利润。所以加强客户关系管理的应用，要利用数据挖掘技术有效地找出哪些客户对企业利润的贡献或潜在贡献最大，并应该对这部分客户采取多大价值量的市场行为。数据挖掘技术可以用来预测不同市场活动下客户盈利能力的变化。通过相应的预测模型预测客户未来的行为，不断调整客户关系维护的策略，从而赢得高价值客户的忠诚，把高价值客户留住。这也说明了庞大的市场份额并不一定总能带来高额利润。如图6-3所示，在企业客户关系管理的应用中，常把客户根据盈利能力的大小分为两类，黄金级客户和青铜级客户。其中，黄金级客户价值评定比较高，青铜级客户价值评定比较低。在现实的

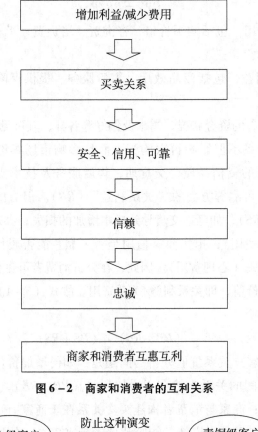

图 6 - 2   商家和消费者的互利关系

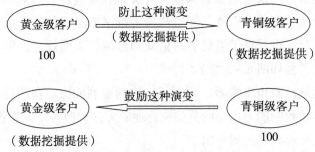

图 6 - 3   数据挖掘在客户层次转变中的作用

管理过程中，经常会发现一些黄金级客户逐渐演变为青铜级客户，却不知原因出在什么地方，也不知下阶段会有多少黄金级客户变为青铜级客户。数据挖掘技术能够从客户的历史信息中预测出将来演变的趋势和概率，企业可有针对性地采取措施，防止客户价值变低。

三、交叉营销

商家与客户建立的商业关系是一种持续的、不断发展的关系，良好的客户关系对商家利润的贡献是很大的。所以一旦建立这种双向关系，商家就会尽量优化这种关系：

延长关系的时间，关系期内增加接触，每次接触中获取更多的利润。

商家在与客户建立商业关系之后，就可以向他们提供更多的商品或服务；在优化这种关系之后，可以在巩固现有关系的基础上，增加向客户提供更多商品或服务的机会。其目标是实现双赢，即客户和商家都可以从中获益。客户获益是由于他们得到了更好的服务质量，商家获益则是因为增加了销售量。交叉营销是基于老客户开展新业务的过程，或者理解为向现有的客户提供新的产品和服务的营销过程。例如，购买了咖啡的客户会对速溶方糖这种产品感兴趣，购买了尿布的客户会对其他婴儿产品感兴趣，商家可利用这种关联对客户进行交叉营销，以增加客户的价值贡献。

以一位拥有银行卡的客户为例，他希望全部金融服务都能通过这张银行卡实现，如住房按揭还贷、小额抵押贷款、股票和其他有价证券的买卖、购物消费、外汇买卖、电子汇兑和代收代付家政服务等。因此，借助于客户关系管理，银行可以对那些优质的银行卡客户进行交叉营销，达到事半功倍的效果，使银行的利润得以提高。

数据挖掘在客户关系管理中的应用是从现有一定量的历史数据中开始的，最好建有丰富信息量的数据仓库，从客户的历史交易行为中寻找交叉营销的机会。从清洁数据中进行数据挖掘可以得出一些模型，能够预测出客户将来的一些消费趋势或某种消费行为的概率，进而能决定选择哪些客户进行某种商品或服务的交叉营销。

做交叉营销的分析时，数据挖掘可分为三个步骤：首先对个体行为进行建模，并对客户将来的行为进行预测分析，实际使用时要求每一种交叉营销情况都要建一个模型；其次用预测模型对数据进行评分，也就是对新的客户数据进行分析，以决定向客户提供哪一种交叉营销更为合适；最后是优化阶段，根据追求目标的不同，可以采取简单的、质朴的方法（以得分高低选择），也可以融合其他经济信息，用平均效益的方法使总体经济效益最大化，还可以选择个人效益方法或是有约束条件的优化方法等，最终决定出交叉营销的最佳方案。

四、客户的保持

客户的保持是客户关系管理的核心内容，往往也是考核客户关系管理系统成功与否的首要指标。行业的竞争越来越激烈，获得新客户的成本节节攀升，留住老客户也越来越有价值。相关统计数据表明，全球 500 强企业每 5 年大约流失 50% 的客户，流失一个老客户的损失要争取 10 个新客户才能弥补。

在研究客户的保持这个问题时，首先要对影响企业客户保持能力的因素进行分析，以下是一些常见的影响因素。

（1）客户购买行为受文化、社会环境、个人特性、心理等方面的影响。这部分因素是企业无法控制的，但是对于了解客户的个体特征有着重要的意义。由于来自同一类社会阶层或具有同一种心理、个性的客户往往具有相似的消费行为，企业对同类客户实施同样的营销策略，还可以将不同客户的销售结果与客户特性做对比，通过数据挖掘等技术发现它们之间的关联。

（2）客户满意与客户保持有着非线性的正相关关系。企业可以从建立顺畅的沟通渠道、及时准确地为客户提供服务、提高产品的核心价值和附加价值等方面提高客户的满意度。

（3）客户在考虑是否转向其他供应商时必然要考虑转移成本。转移成本与客户保持有正相关关系。转移成本的大小受市场竞争环境和建立新客户关系的成本的影响。

（4）客户关系具有明显的生命周期的特征。在不同的生命周期阶段，客户保持具有不同的任务。一般来说，潜在获取期客户的转移成本较低，客户容易流失。而随着交易时间的延长，客户从稳定的交易关系中能够获得越来越多的便利，节省了转移成本，客户越来越趋于稳定，容易保持原有的交易关系。这时企业需要一如既往地提供令客户满意的服务和产品。

在客户关系管理中可以运用数据挖掘方法预测客户的流失趋势，并找出影响企业保持能力的薄弱环节。其应用最广泛的是在移动电话服务中，由于客户迁转成本较低、客户保持能力较差，流失现象很容易发生。例如，在中国移动和中国联通的竞争中，客户相互流出流入的量都比较大，中国联通一个存话费送手机的市场活动就可能会导致中国移动一定量的客户流失。具体哪些客户可能流失，数据挖掘技术可根据客户的历史消费习惯做出一定预测。

数据挖掘技术在客户保持的管理中的应用也较为简单。首先，要有大量清洁的数据信息，尤其是客户一段时间内的行为信息，并初步统计一些相应的评价指标，如客户的重复购买率、客户的需求满足率、客户对竞争产品的关注程度、客户挑选的时间等。在对数据初步分析的基础上，构建预测模型，建模时可使用 CART、神经网络等方法。对模型的检验也需要一定的数据量，质量良好的模型预测准确率也高。有一定的预测结果后，商家可以采取相应的预防措施，最大限度地减少客户流失，提高企业客户保持能力。

课后复习

习题

1. 简述数据挖掘的定义。
2. 数据挖掘的任务主要有哪些？
3. 数据挖掘的典型方法有哪些？
4. 数据挖掘所得到的信息具有哪些特征？
5. 数据挖掘的基础是什么？

实训

数据挖掘产品选型

1. 实训目的

培养学生根据给定条件为企业进行数据挖掘产品选型。

2. 实训场景

如果你是一个小型图书网店的经理，你的书店每天大约需要处理 1000 张订单，每张订单平均 3 种产品。你现在只有 2 名员工，分别负责订单处理和客户服务，你的网络维护和物流服务都已经外包，未来业务的增长趋势非常明显。

你现在非常苦恼于客户的流失率过高，以及把握不准进货品种。你现在准备投资 2 万元解决这个问题。

3. 实训要求

（1）请问你需要使用数据挖掘技术吗？如果需要，你准备选择什么样的产品？以提交调研报告的形式作答。

（2）针对产品的购买、维护等内容给出详细的预算。

（3）对未来的风险和收益进行合理的评估。

（4）撰写 2 个参考性方案。

第七章　物流客户服务中心管理

宿迁建成全国最大商务呼叫中心

2009年11月京东将集约化客服中心落地宿迁，截至2022年，京东已累计在宿迁投资超200亿元，员工数量从80多人增长到上万人。在京东的带动下，500多家互联网企业落地宿迁，如今宿迁已成为全国最大的商务呼叫中心，也成为名副其实的"电商名城"。

1. 力排众议，将客服中心落地宿迁

2009年的宿迁，GDP（国内生产总值）仅是江苏排名第一的苏州的九分之一。彼时，京东在电商行业已崭露头角，有了华北、华东、华南三个分公司，客服团队也分属三地。建立集约化的客服中心，全面提升客服服务质量成为京东的当务之急。

刘强东力排众议，将京东分散在各地的80名客服员工全部搬迁至宿迁，京东客服中心正式成立。宿迁对京东的落地非常支持，京东客服中心最初的办公地点就在宿迁市宿豫经济开发区管委会裙楼里。

从无到有，从有到优，京东客服的专业服务能力日臻提升，成为京东乃至中国电商领域的"金字招牌"。2014年11月7日，京东宿迁客服中心率先通过国际顶级呼叫中心认证标准——COPC的国际化高绩效标准，京东成为中国电商行业第一个通过该认证的企业，并创下国内时间最短、规模最大通过COPC认证的纪录。

2. 带动宿迁发展，成为全国最大商务呼叫中心

随着业务的不断精进和发展，京东客服中心的规模快速扩大，员工达到上万人，拥有22万平方米的现代化办公大楼、近千套高标准员工宿舍。未来，客服中心三期项目正式投用后，将形成超过80万平方米的庞大产业园区。

在京东的带动下，当当、小米、途牛等众多互联网企业把客服中心落地到宿迁，截至2022年10月，宿迁已成为全国最大的商务呼叫中心，客服人员达2.5万人，这些呼叫客服人员的平均年龄为23.8岁。此外，京东还推动了电商及相关产业发展，带动3.7万多名城乡青年就业。

3. 助力宿迁弯道超车，打造千亿级电商产业

随着京东众多新业务在宿迁探索成长，宿迁一下"闯"到了互联网行业的前沿，找到了一条"弯道超车"的道路。

宿迁的电子商务产业园区落户企业 700 多家，集聚了京东、惠普、当当、途牛等30 多家互联网重点企业，建成了 1 个国家级电子商务示范基地、8 个省级电子商务示范基地，2020 年荣获国家跨境电子商务综合试验区，电商名城的影响力越来越大、知名度越来越高。

第一节　客户服务中心概述

一、客户服务中心的定义及其由来

早在 20 世纪 80 年代，欧美的电信企业、航空公司、商业银行等将电话作为与客户交互联系的媒体，设立了呼叫中心，实际上就是建立了针对客户的服务中心。此呼叫中心利用计算机技术和通信技术为客户提供自动语音应答服务和人工接听服务，包括信息查询、业务咨询、业务受理、质量投诉和处理、信息发布等全方位客户服务功能，还实现了内部使用的服务分类统计和分析、服务质量监控和考核等功能。因此，客户服务中心常常成为呼叫中心的代名词，在本教材中我们把这两者对等看待。

客户服务中心的定义可从多种角度给出，这里我们从两方面给出。

1. 从管理的方面

客户服务中心是一个促进企业营销、市场开拓并为客户提供友好的交互式服务的管理与服务系统。它作为企业面向客户的前台，面对的是客户、强调的是服务、注重的是管理，是企业理顺与客户之间的关系并加强客户资源管理和企业经营管理的渠道。它可以提高客户满意度、完善客户服务，为企业创造更多的利润。

2. 从技术的方面

客户服务中心是围绕客户采用 CTI（计算机电话集成）技术建立起来的客户关照中心：对外提供语音、数据、传真、视频、互联网等多种接入手段，对内通过计算机、电话和网络联系客户数据库和各部门的资源。

二、客户服务中心的类型

客户服务中心按照不同的分类标准可以有不同的分类结果，比较常见的分类方法如下。

1. 按呼叫类型分类

（1）呼入型客户服务中心。这种类型的客户服务中心不主动发起呼叫，其主要功

能是应答客户发起的呼叫，其主要应用于技术支持、产品咨询等。

（2）呼出型客户服务中心。这种类型的客户服务中心是呼叫的主动发起方，其主要应用于市场营销、市场调查、客户满意度调查等。

（3）呼入/呼出混合型客户服务中心。单纯的呼入型和单纯的呼出型客户服务中心都比较少，大量的客户服务中心既处理客户发出的呼叫，也主动发起呼叫。

2. 按规模分类

（1）大型客户服务中心。一般认为，超过100个人工座席的客户服务中心称为大型客户服务中心。它至少需要有足够容量的大型交换机、自动呼叫分配设备、自动语音应答系统、CTI服务器、人工座席和终端、呼叫管理系统或数据库。

（2）中型客户服务中心。人工座席在50～100个的客户服务中心称为中型客户服务中心。中型客户服务中心的PBX（程控交换机）与CTI服务器、人工座席直接相连，人工座席又与应用服务器相连，客户资料存储在应用服务器中，应用服务器实时地将打入电话的客户资料自动地在计算机屏幕上弹出，使座席能及时获得相应信息。CTI服务器一般由CTI硬件开发商的板卡和PC（个人电脑）组成。

（3）小型客户服务中心。座席数目在50个以下的小型客户服务中心的系统结构与中型客户服务中心类似，不过其主要部分，如PBX、CTI服务器、人工座席、应用服务器在数量上均可相应减少。

3. 按使用性质分类

客户服务中心按使用性质可以分为自建自用型客户服务中心、外包服务型客户服务中心和应用服务商型客户服务中心。其中，应用服务商型客户服务中心是指由应用服务商提供客户服务中心的设备和技术平台，而由租用平台的企业自己招募座席和进行日常运营管理的客户服务中心。

4. 按分布地点分类

客户服务中心按分布地点可以分为单址客户服务中心和多址客户服务中心。其中，多址客户服务中心是指工作场所分布于不同地点，甚至分布于不同城市的客户服务中心。分布于不同地点的子中心给客户的感觉都是同一个客户服务中心，分布于不同地点的子中心之间的信息交互可以通过企业广域网技术或互联网技术实现。

5. 按使用技术分类

按使用技术分类，客户服务中心可以分为以下几种。

（1）互联网客户服务中心。互联网客户服务中心为客户提供了一个从Web（万维网）站点直接进入客户服务中心的途径，使得客户服务中心从传统形式上的"拨号交谈"扩展到现代形式上的"点击交谈"。互联网客户服务中心集合了电话、文本式对话（在窗口内客户可以输入文字与客户服务中心进行实时交流）、网页浏览自助服务、呼叫回复、E-mail（电子邮件）和传真等技术与服务。互联网客户服务中心使得客户服务水平的标准化、全球化成为可能。

（2）多媒体客户服务中心。多媒体客户服务中心实际上是基于CTI技术的传统客户服务中心与互联网客户服务中心的相互组合。现在，许多客户服务中心把各种媒体通信技术集成到了一起。允许座席同时处理语音呼叫、Web请求、E-mail和传真。通过语音、图像和数据的集成，信息可以通过多种媒体传输。

（3）可视化多媒体客户服务中心。可视化多媒体客户服务中心应用了客户和客户服务人员可以通过视频面对面地进行交流的技术。这种投资相对较高的客户服务中心的服务对象是那些需要在得到服务的同时感受到舒适和安全的重要客户。随着技术的进步和设备投资的降低，可视化多媒体客户服务中心将在今后占据客户服务中心市场的主导地位。

（4）机器人自动应答客户服务系统。机器人自动应答客户服务系统是企业售后或政企机构客户自助查询的常见系统，能够借助AI（人工智能）算法自动根据客户消息进行语义识别并准确应答相关内容。机器人自动应答客户服务系统多用于电商售后或政企机构客户自主查询等场景中，负责解答客户的各种退货、修改订单、活动引导咨询、事项办理准备资料查询等问题。随着自动应答的准确率不断提升，越来越多的行业相继开始使用该系统。

从客户服务中心的发展过程来看，旧的解决方案已经不能满足市场的发展和客户的需要。如今，网络工业中开放性标准的广泛应用、通信中的多通路技术、低成本的PC系统和互联网的成功运用都是客户服务中心得以发展的关键因素。在客户服务中心市场上，传统的、独立的模式正在朝着标准的硬件平台、封装式的应用方向发展，并且整体解决方案的成本在降低。可见，客户服务中心的市场前景十分广阔，客户服务中心将是一个集现代化通信手段于一体，具有高度智能的、全球性的，并且可以给运营者带来巨大收益的客户服务中心。

三、客户服务中心的作用

如今客户服务同产品一样，备受公司和消费者关注，各个公司已经充分认识到在市场上竞争的最大优势就是良好的品牌形象，而维持这种良好的品牌形象无疑需要优质的服务。客户服务中心在企业中的作用主要表现在以下几个方面。

（一）提高客户服务水平

客户服务中心向客户提供了一个交互式的、专业化的、集成式的客户服务窗口，能缩短客户请求的响应时间，而且由于信息技术的应用，特别是后台数据库系统的支持，还能提供有效数据帮助客户解决问题，从而大大提高了客户的满意度。

客户服务中心是独立运作的，对企业各部门的干扰相对较少，从而保证了各部门的客户服务效率。

客户服务中心的呼出业务可以主动与客户联系，关心客户对产品或服务的使用情况以及他们所面临的各种问题，了解他们的各种潜在和现实需求，还可以向客户介绍、推荐企业的其他产品或服务，以满足客户的其他要求。

客户服务中心利用 IVR（交互式语音应答）技术及相关的智能路由选择与智能回复功能向客户提供全方位、全天候的服务。

（二）提高企业对市场的灵敏度

客户服务中心是一个十分高效的客户互动窗口，通过它可以收集客户方方面面的信息，以及客户对产品或服务的潜在需求等。经营客户关系的前提就是要了解客户，时刻关注客户的需求变化及客户对产品的满意度，经常征询客户意见，把客户的一言一行、一举一动都及时反馈到客户管理系统中，企业对市场信息的反馈越迅速及时，就越能有效地解决客户的问题及抱怨等。企业挖掘客户的潜在需求，开发出客户乐于接受的新产品或新的服务项目，才能更好地服务客户。

（三）改善内部管理

客户服务中心提供的服务不再局限于客户服务部门，而是立足于全局，不仅可以接收到客户对产品或对服务的意见和建议，还可以不断听到他们对企业各部门的意见或建议反馈，这样可有效帮助企业发现自身存在的问题，从而进一步改善内部管理。

第二节　物流客户服务中心管理体系

一、客户服务中心的特点

客户服务中心的高技术特点给客户服务中心的管理增加了难度。具体而言，这些特点包括以下几方面。

（一）服务信息化、网络化

客户服务中心是将通信技术、计算机技术及网络技术充分结合而形成的多功能、集成化的综合信息服务系统。它利用现代通信手段，有效地为客户提供高质量的服务。

（1）多渠道接入：客户应用的平台逐步多样化，要想做到及时跟踪客户需求动态，企业就要做到能够让客户多渠道接入客服，方便快捷地随时享受服务，即时在线沟通。

（2）智能 AI 算法：对数据进行全面统计和准确分析。客户服务中心有着非常智能的 AI 算法，可以对客户的各种信息和数据进行搜索和定位，进而通过对一些高频词语或浏览记录等进行分析，快速得出客户的信息，从而解决客户的需求，主动出击、主动营销，为企业带来更多的盈利机会。

（3）功能繁杂：客户服务中心有非常多的功能，如访客提醒、跟踪，对客户身份进行识别，多客户实时在线交流，精准定位，动态管理等，这些功能可以准确把握客户的信息和需求，也能让企业更快、更直接地和客户进行交流，从而提升客户好感度。

（4）客户隐私安全性要求高：企业必须保障客户服务中心的技术及性能的安全性，避免出现信息泄露等问题。

（二）服务程序标准化

（1）程序规范：要求座席规范业务受理工作，按照指定流程及企业制定的相关原则进行客户服务，保证受理过程和内容的可靠性。

（2）存档规范：客户服务中心的服务历史记录和知识库要求的存档资料和储备资料庞杂，要保证存档的规范性。例如，所有电话全程录音，咨询历史、投诉历史、传真留言等都要规范记录、统计并生成报表。

（3）礼仪规范：客服人员应在语气态度、处事态度等多方面做到专业化，作为与有需求的客户直接对接的一端，要时刻保持良好的服务意识。

（三）服务质量要求高

科学技术的不断发展，以及人工智能、大数据、5G（第五代移动通信技术）的广泛应用，给客户服务中心传统的电话运营模式提出了新的挑战。消费者不仅对客户服务中心各运营环节的规范化要求越来越高，对于客户服务中心的建设标准也提出了更高的要求，同时，对未来客户服务中的个性化和多元化服务要求也越来越高。

以2021年中国保险行业协会发布的《保险公司客户服务中心基本要求》为例，该标准从战略定位、职场要求、人员管理、运营管理、系统要求和风险控制等维度全面细致地规定了客户服务中心的各项指标要求。该标准在规范客户服务中心建设要求和服务标准的同时，融入了智能客服、视频客服等新服务模式，为客户服务中心的规范发展和未来方向提供了统一的参考依据和前瞻性建设指导。

二、物流客户服务中心的绩效标准

目前，客户服务中心越来越趋向精细化、数字化管理，KPI（关键绩效指标）管理成为一种有效的管理手段。通常，客户服务中心的运营管理者通过分解运营目标制定各种KPI，通过KPI来引导座席的行为，从而完成项目运营。每个客户服务中心都有自己的KPI，KPI的数量各不相同，有的多到一百多个，有的少到只有三五个。这里介绍常用的几个KPI。这些KPI源于美国普渡大学消费品质量监测中心琼·安顿教授提出的

23 个与客户服务中心运营相关的数字化规范指标，并根据目前物流行业的发展进行重新修改。其中数据标准部分，一部分来自行业标准，另一部分来自某些客户服务中心的历史数据。

1. 接通率

定义：对于具有 IVR 和 ACD（自动呼叫分配）的呼入型客户服务中心，接通率是指 IVR 终极服务单元的接通量与人工座席的接通量之和与进入客户服务中心的呼叫总量之比。对于呼出式业务来说，接通率是指座席呼出电话后接通量与呼出电话总量之比。

建议标准：呼入式业务的接通率≥85%，呼出式业务的接通率≥65%。

2. 呼入项目占有率

定义：呼入项目占有率是一个衡量呼入式业务座席工作负荷的指标，一般是指某段统计时间内，座席处理多通电话的总时长与实际登录系统时长的比率。对于没有座席操作系统的客户服务来说，占有率统计就比较困难，但是也可以通过通话时长、在线等待时长、后处理时长、等待来话时长等进行粗略统计。

建议标准：呼入项目占有率≥80%。

3. 呼出项目工作效率

定义：呼出项目工作效率是衡量呼出项目座席工作负荷的主要 KPI，一般指某段统计时间内，总处理时长与登录系统时长的比率。对于没有座席操作系统的客户服务中心，可以将分母换成计划工作时长。

建议标准：呼出项目工作效率≥80%。

4. 服务水平

定义：服务水平是指对于呼入项目来说，某个统计时间段内 X 秒内应答电话数量与客户服务中心接入电话的百分比。

建议标准：95% 的电话在 20 秒以内做出应答。

5. 客户满意度

定义：对于客户服务中心来说，客户是那些直接与客户服务中心座席接触的企业最终的消费者。客户满意度是指客户对于客户服务中心提供的服务的满意程度。

建议标准：客户满意度要达到 85% 及以上。

6. 平均处理时间

定义：平均处理时间是指某一统计时段内，座席与客户谈话时间、持线时间及事后处理与电话相关工作内容的时间的总和除以总的通话量。

建议标准：平均处理时间为 60 ~ 180 秒，但是不同业务需要制定不同的处理时间。

7. 平均振铃次数

定义：平均振铃次数是指某段统计时间内，呼叫者听到 IVR 或是座席接起电话之前的电话振铃次数之和与呼叫次数之比。

建议标准：平均振铃次数≤2次。

8. 平均排队时长

定义：平均排队时长是指在某段统计时间内，呼叫者ACD列入名单后等待座席回答的平均等待时长。

建议标准：平均排队时长≤15秒。

9. 监听合格率

定义：监听合格率是指在某段统计时间内，质量人数通过监控、电话录音等手段抽查座席的服务质量的合格率。

建议标准：监听合格率≥99%。

10. 一次性解决问题率

定义：一次性解决问题率是指在某段统计时间内，不需要客户再次拨入客户服务中心，也不需要座席将电话回拨或转接就可以解决问题的电话量占座席接起电话总量的百分比。

建议标准：一次性解决问题率≥85%。

11. 日呼出量

定义：日呼出量一般是针对呼出项目制定的KPI，指座席每天需要呼出的电话量。

建议标准：根据业务不同，日呼出量为150~350个。

12. 中文录入速度

定义：中文录入速度指座席每分钟录入中文的字数。

建议标准：中文录入速度≥80字/分钟。

13. 业务考核成绩

定义：业务考核成绩指呼叫中心座席对业务知识的掌握程度。其直接影响客户的满意程度和工作效率，是呼叫中心进行质量管理的重要指标。

建议标准：业务考核成绩在80分以上。

14. 服务态度投诉率

定义：服务态度投诉率指某段统计时间内，客户对座席服务态度的投诉量与呼叫量的比率。

建议标准：服务态度投诉率≤3。

三、物流客户服务中心的有效管理

纵观世界各地的客户服务中心，座席的离职率相当高，其原因是缺少提升机会，以及工作压力和工作本身的枯燥性、限制性。因此，企业管理者若想成功控制客户服务中心人才流失率，重点是要有清晰的管理头脑，采用有效、创新的管理办法。

（一）层级管理，发挥优质的协作精神

团结就是力量，发挥层级管理的优质协作精神，可以顺利地实现工作目标，层级管理架构如图 7 - 1 所示。

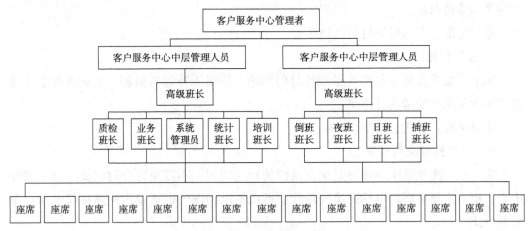

图 7 - 1 层级管理架构

后台支援队伍工作人员即协助管理者对座席进行监督并进行运营策略制定、业务处理、问题梳理、数据统计分析等工作的班长队伍成员，他们是连接管理者与后台支援队伍的重要桥梁，同时是整个客户服务中心的核心力量。管理者应对后台支援队伍合理分配工作和适当授权，并进行定期的沟通与协作。

客户服务中心的各种规章制度和数据是监督的一种手段，其顺利实施基于管理者对座席的信任。因此，管理者要善用后台支援队伍的力量，让该队伍与座席进行深入沟通，组建无形的互动关系网，避免管理者与座席之间的沟通出现断层。

（二）创新思维，走出枯燥的培训氛围

客户服务中心是一个独特的服务领域，需要经常更新知识和技能。培训是解决问题的关键。培训良好的座席可以使电话放弃率和转接率降低。当然，枯燥的培训有可能会增加座席的工作压力，可以从培训形式、师资、学习场地等方面进行创新，提升培训效果，增加座席的学习兴趣。

例如，在客户服务中心的定期培训中，让座席自主挑选参加课程的时间和形式，既能掌握座席的需求，又可提高座席的学习兴趣，更可增加其学习积极性。培训的老师也可以从座席中遴选，既可提高座席的荣誉感，又可提高全体员工互利互勉的精神。可以安排在拥有优质服务口碑的外单位进行观摩学习或者通过郊外团体互动游戏，进行生动的学习。

（三）激励机制，提高客户服务中心团体士气

奖励座席有助于提高士气，若想形成长期的激励机制，管理者应从绩效管理出发。绩效管理是平衡座席各样专长和提高士气的有效办法，对绩效数据进行分析，从不同层面激励员工，让座席感受到"客户服务中心的工作最令人欢欣之处是得到认可，得到客户的认可，得到公司的认可"。

（四）用心聆听，缓解心理压力

管理者应拥有与座席保持心灵上沟通的空间。对于座席的意见和建议，管理者用心聆听并给予反馈、辅导是客户服务中心质量监控循环过程中的重要一环，是座席绩效提升的基础和动力。心理压力缓解既能够使员工的绩效提升，又能让客户服务中心的整体运营效率和效果得到持续改善。

（五）树立正确观念，把服务做得更好

综上所述，对客户服务中心进行有效管理，其实方法还有许多，但最关键的是管理者和服务人员对待客户的看法和态度。因此，要树立正确的观念：客户来电不是客户服务中心工作的障碍，而是客户服务中心工作的目标；客户来电是"如何把服务做得更好"的解决办法；客户来电提供了企业为客户服务的途径；客户来电是企业提升诚信形象的一个机会。只有树立这样的观念，"客户至上"才不是一句空话。

第三节　物流客户服务中心的构建

一、客户关系管理（CRM）系统客户服务中心的结构

随着互联网技术的应用，传统的、被动的、单独的、功能简单的客户服务中心已经逐渐发展为互联网客户服务中心。客户服务中心的体系结构从基于交换机的模式发展为基于计算机的模式。客户服务中心成为一种结合语音通信、数据通信和数据处理技术，使企业能够处理灵活性和实时性很强的业务，并减少业务开支的业务方式。CRM 系统客户服务中心的结构示意如图 7-2 所示。

随着 CTI 技术及综合性客户服务中心服务器的发展，客户可以通过多种网络渠道进行呼叫，并得到统一服务。整个 CRM 系统中的客户服务中心首先必须是基于 CTI 技术的应用系统，适合较大规模的客户呼叫及复杂的呼叫流程。一个完整的客户服务中心，一般由程控交换机（PBX）、自动呼叫分配（ACD）、交互式语音应答（IVR）系统、计算机电话集成（CTI）服务器、数据库系统、呼叫管理系统、业务处理系统以及

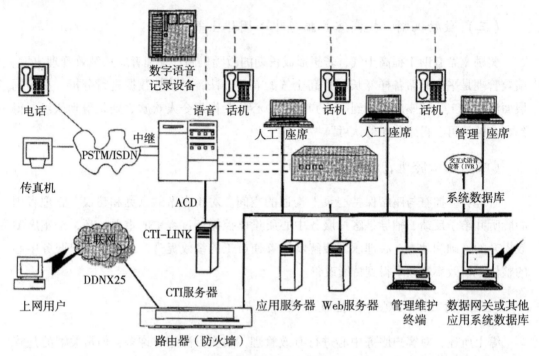

图 7-2 CRM 系统客户服务中心的结构示意

座席（业务代表）等组成。客户的呼叫在 ACD 排队之后，被引导到不同的人工受理席，然后座席以语音或传真等不同方式给予客户相关的业务答复。系统大致可以分为前端和后端两大部分。在系统前端，CTI 是其核心，在计算机与电话集成的基础上对客户的呼叫进行应答、识别、接续、转移等受理活动；系统后端主要由各种数据库，如财务系统、业务管理系统及网络软硬件提供业务支持，保障数据的正确性和实时性。各种数据库系统、特殊服务系统、决策库及其网络系统的软件整合是客户服务中心得以实现的关键。CRM 系统客户服务中心的结构如下。

（一）ACD

ACD 是现代客户服务中心有别于一般热线电话系统的重要标志，ACD 可以根据预先定义的规则对客户服务中心的来电进行自动分配，选择最合适的业务代表对客户呼叫进行受理。其性能的优劣直接影响客户服务中心的效率和客户满意度。

交换机或排队机是进入客户服务中心的门户。PBX 为客户服务中心提供内外的通道；对外作为中继线的接口，对内则作为与座席话机和自动应答设备的接口。ACD 就是智能化的排队机，对业务进行优先化的排队处理，在客户服务中心起着相当关键的作用。智能化的排队机作为呼叫前端接入设备，可以根据预先制定的规则将呼叫分配到相应的话务台或自动语音应答系统。交换机增加 ACD 功能后，能够提供全面的呼入管理、呼出管理和呼叫分配功能。

还有一种 ACD 叫"软件 ACD",随着客户服务中心对呼叫概念的扩充,现在已经包括传统电话呼叫、E - mail 呼叫、Web 文本交谈和 IP 电话等。软件 ACD 可以将各种呼叫统一排队和分配。高级的 ACD 能够定义优先级队列,根据技能分配选择路由。

ACD 是现代客户服务中心的核心和灵魂,是提高生产力的发动机。如果只依靠简单的、片面的技术,将会使呼入销售、订单执行和客户服务的"大厦"崩溃。ACD 能让呼叫量智能化地逐步增强或具有更为特定和复杂的功能。它比路由呼叫更加成熟。不管是呼入型还是呼出型客户服务中心,从语音呼叫到数据流量,ACD 都是客户服务中心的大脑和控制点。从某种意义上说,ACD 是客户服务中心的仲裁者:先建立优先权,然后警惕地监视着各种方式,最终决定某一个呼叫应该去哪儿。

（二）CTI 服务器

CTI 服务器是连接交换机和计算机/计算机网络系统的最重要的设备。CTI 服务器运行软件完成计算机与交换机的通信。CTI 服务器一方面通过相应的通信协议与交换机进行通信,使应用软件可以在接收电话时获得呼叫的有关信息并根据需要控制呼叫的转移,还可以自动处理需要拨出的电话;CTI 服务器把通信和数据有机地结合在一起,使数据与呼叫保持同步,呼叫转移到什么地方,数据就传送到什么地方,是 CRM 系统客户服务中心的核心。其主要作用是使交换机和计算机系统实现信息共享,传送、转发、管理各类与呼叫相关的数据。根据呼叫者、呼叫类别、客户服务等级、呼叫所处的时间段和客户服务中心的通话状况等选择呼叫路由和更新数据库。CTI 技术在客户服务中心的典型应用包括客户信息屏幕弹出功能、个性化呼叫路由功能、拨号控制功能、预览功能、预拨功能等。CTI 可以屏蔽接入设备和计算机底层通信协议,便于开发人员进行系统集成和二次开发。CTI 子系统支持对业务进行优先级排队处理,通过标准的 CTI 协议,处理计算机系统与排队机之间的接通业务;解释排队机送出的指令和有关数据,发送给计算机座席系统或自动系统,将计算机系统送出的请求解释为相应的指令传给排队机,以便排队机系统执行。

CTI 由传统的计算机电话集成技术发展而来,由于客户服务中心采用的技术不同,因此 CTI 可能是计算机电话集成或计算机电信集成。CTI 主要提供呼叫控制和媒介处理两方面的功能。呼叫控制包括通话的建立和中断、通话的智能路由选择和自动拨出等功能;媒介处理包括传真/话音的处理,以实现电话/传真等信号到数字信息的变换。

（三）交互式语音应答（IVR）系统

IVR 是利用计算机语音合成技术,通过计算机播放语音完成与客户的信息交互。IVR 系统主要用于播放固定的提示信息和简单的查询结果;协调客户操作过程,使大部分呼叫实现自动化，降低业务代表的工作量；使客户一天 24 小时都能得到信息服务。根据应用软件的需要呼叫可以在自动语音应答设备和人工座席之间任意转接。IVR系统还具有语音信箱、传真收发等功能。它通过与呼叫方双向应答决定呼叫的路由或执行其他后台业务功能，也可以称为呼叫自助，是企业为客户提供自助服务的主要设备。电话接通后，IVR 系统控制通话的过程，首先播放预先录制的按键选择信息供呼叫方选择，然后根据客户的按键或语音信息（语音识别功能）决定下一个动作。目前，利用 IVR 实现呼叫流程自动化的典型例子有以下几种。

1. 电话查账、付款

很多企业为了方便客户，利用 IVR 系统进行自动化查账及付款业务。客户可以利用家里的电话机接通 IVR 查账、付款设备，按指令输入账单的客户代码、付款总额及信用卡信息等，就可以在几分钟之内完成整个查账、付款过程。在整个过程中，企业没有员工的任何参与，IVR 系统负责记录客户的各种按键信息，并向企业财务软件应用模块传递各个输入参数，自动完成整个业务流程。

2. 长途电话卡

市场上流行的长途电话卡也利用了一定的 IVR 功能。IVR 系统指示客户输入语音选项、卡号等，然后自动接通长途线路。企业具有相应的电话卡管理系统并同 IVR 系统集成，以实现电话卡识别等业务内容。

3. 分类信息服务

IVR 系统通过预先设置的标准选项为客户提供信息检索业务，将查询率很高的常规信息自动阅读播放，从而节省了人工处理的费用，打破了服务时间的限制。目前，IVR 系统的一个主要技术难题是文字到声音的转换，机器必须智能识别文字并用模拟语音向客户播放。如果只集中于数字的阅读，不是太难，如果要阅读电子邮件内容等文字信息，难度就大了，这也是用声音作为信息载体的局限性之一。不过，作为一个客户呼叫的交互系统，从呼叫方获得的各种按键信息为呼叫"后处理"提供了关键的输入数据，这也是 IVR 集成的主要目的。

总之，IVR 系统为呼叫自动化提供了一个基本的前置入口。随着语音智能识别功能的加强，结合后台的强大处理与输出能力，客户可以呼叫完成各种比较复杂的业务，实现电话自助。相较于网络自助，电话设备的普及程度高，使用技能低，比电脑操作简单方便，在业务自动化领域发挥着重要作用。

（四）人工座席子系统

人工座席子系统受理客户的需求，即通过一个公共平台获得数据、语音和图像，将基于传统技术的客户服务中心与互联网客户服务中心相互结合。座席可以以人工对话、语音播放、传真、E－mail 等形式回复客户，并实现与其他座席或系统的切换。对于座席不能处理的问题，自动转给相关部门或人员处理。对于罕见问题，按应急处理流程或处理规则调动所有相关部门和人员，共同解决客户的问题。

人工座席是客户服务中心的唯一非设备成分，能灵活进行呼叫处理。客户服务中心的某些服务，如业务咨询、电话号码查询、故障报告和服务投诉等，必须由座席完成。另外，一些可以由自动语音应答设备完成的服务，如账单明细查询、营业网点查询等，通过座席完成将达到更好的服务效果，可增加客户满意度。人工座席的工作设备包括话机（数字或专用模拟电话）、耳机、话筒及运行 CTI 应用程序的 PC 机或计算机终端，对于电话接听、挂断、转移和外拨等工作，座席只需通过鼠标和键盘就可以轻松地完成。

（五）系统管理子系统

系统管理子系统包括线路运行状况管理、内部信息管理、工作人员管理、工作流程管理、呼叫记录、呼叫管理［来话呼叫管理系统（ICM）、去话呼叫管理系统（OCM）］、录音、放音等，通过服务监测系统监督座席的工作状况，并生成各类统计报表。

（六）数据库子系统

从客户处获得的各种信息、数据将储存在数据库中，供企业进行分析和决策。客户信息数据库的具体模式由企业的业务逻辑决定。通过数据库访问，将客户的相关信息传送至座席终端，座席代表可以根据客户需要以不同的方式发送给客户；并可通过数据库查询和储存客户信息，在适当的时候为客户提供全方位的服务，并生成各类统计报表。

（七）人工智能呼叫中心系统

人工智能呼叫中心系统是在传统呼叫中心的基础上，加入人工智能技术等因素，提升客户服务体验的高阶呼叫系统。随着人工智能技术的成熟，越来越多的传统呼叫中心也有了 AI 升级改造的需求，目标就是在原来传统的呼叫中心系统的基础上，集成人工智能的智能语音能力。人工智能呼叫中心系统的功能主要包括智能回访、智能质检、智能交互式语音响应、自动录音、文字转译等。

二、客户服务中心的构建方式

客户服务中心作为客户关系管理的核心平台，被越来越多的企业所接受。同时，由于技术的进步，客户服务中心设备的成本大幅下降，功能越来越强大，接口越来越灵活，稳定性也可以与基于大型交换机的客户服务中心相媲美。客户服务中心建设有四种形式：自建式客户服务中心、托管式客户服务中心、外包式客户服务中心和云呼叫中心。

（一）自建式客户服务中心

自建式客户服务中心主要是企业根据自身业务情况采购客户服务中心系统设备，要么定制，要么开发业务系统，并与客户服务中心系统进行集成。目前，国内企业基本都采用自建式客户服务中心建设方案，主要原因有以下几点。

（1）客户服务中心系统的建设费用大幅下降，而且功能和稳定性有所提高。

（2）自建式客户服务中心一次性投资，后续使用过程中不再产生费用，从长远来看，其成本更低。

（3）自建式客户服务中心由企业自己管理，使用更方便。因为客户服务中心有时要配合公司业务做一些宣传，有时涉及 IVR 流程的变更，自建式客户服务中心的维护人员很容易改变 IVR 流程及其他呼入、呼出流程。

（4）自建式客户服务中心更容易与公司自身业务进行集成。

（5）扩容更方便，成本也更低。

（6）业务及呼叫数据都在公司内部，对信息安全要求较高的公司，只能选择自建式客户服务中心。

（二）托管式客户服务中心

托管式客户服务中心是指客户并不购买客户服务中心设备，而是从客户服务中心托管商处租用客户服务中心设备，这种租用就像给电信运营商交月租一样，实际客户服务中心设备仍然在托管商机房中，托管商给客户开几个分机号码，客户通过互联网进行登录和通话。目前国内几乎没有客户服务中心托管商，主要原因是国内网络环境比较复杂。制约国内托管式客户服务中心发展的因素具体如下。

（1）自建式客户服务中心设备价格的降低导致托管式客户服务中心的价格优势不明显，有的托管式客户服务中心的租赁费用甚至比自建式客户服务中心的建设费用还要高。

（2）与业务系统的集成不方便，很难满足客户定制化和个性化的需求。

（3）客户服务中心相关数据保存在异地托管商那里，存在数据安全隐患。

（4）网络不稳定导致通话质量差和通话质量不稳定。

（三）外包式客户服务中心

外包式客户服务中心是欧美很多大型跨国企业选择的客户服务中心构建方式，企业将客户服务中心设备、人员、管理等所有相关事项都整体外包给另外一个客户服务中心运营企业，该企业整体负责企业外包出来的这块业务，包括设备、场地、人员及培训、管理等。目前，国内有能力承接客户服务中心外包的公司不多，而且涉及的面比较广，中小企业很难将业务外包出去。另外，由于业务外包，客户资料的安全性和保密性也存在隐患。

（四）云呼叫中心

云呼叫中心方案是新一代的呼叫中心，本质上属于一种呼叫中心平台租用服务。其基于 CTI 和云计算技术，将服务器架设在云端，并且集成了传统电话、移动电话、在线客服、邮件、短信等多种通信方式，将企业之间各种通信渠道打通并进行统一管理。

使用云呼叫中心的企业无须购买任何软件、硬件系统，只需具备人员、场地等基本条件，就可以快速拥有自己的呼叫中心平台。通信资源、日常维护和服务则由服务商负责提供。

与传统的呼叫中心相比，云呼叫中心的建设成本显著降低，极其适合中小企业使用。另外，云呼叫中心能方便灵活部署，无须改变传统 IT 架构，不受时间和空间的限制，随时随地接入，使用过程中也可以按需增减资源，十分灵活方便。但使用时更依赖网络服务器的质量，在稳定性、保密性、音质效果上都不如传统的呼叫中心。

课后复习

习题

1. 什么是客户服务中心？它有哪些特点？
2. 简述客户服务中心的发展历程。
3. CRM 系统客户服务中心与传统的客户服务中心比较，具有哪些突出的特点？
4. 选择一个你熟悉的行业，讨论构建客户服务中心后带来的优势。
5. 联系实际谈谈客户服务中心在企业中发挥了哪些作用。

实训

客户服务中心的设立

1. 实训目的
了解现有的客户服务中心服务提供商的基本情况。

2. 实训场景
假如你是一家大型网络化妆品销售商的经理助理，公司决定设立客户服务中心并提供免费的电话咨询服务，以便解决日益增多的客户服务要求。现在需要你对客户服务中心的设立方式做研究，并提交相应的报告。

3. 实训要求

以报告形式提交，并准备一个 5 分钟左右的口头说明。

内容包括：我国比较有名的客户服务中心服务提供商的名称；分析现有的客户服务中心的价格并进行比较；自建式客户服务中心与外包式客户服务中心的优劣势比较。

 案例阅读

客户服务中心即时通信助力物流快递

进入 21 世纪以来，中国物流快递业总体规模快速增长，大批的物流快递企业进入市场，导致物流快递行业的竞争日益激烈。竞争的加剧促使物流快递企业更加重视服务质量与品牌建设。物流快递企业非常重视企业的客户资源，在运作过程中对各个环节的处理效率有较高的要求。

由于大部分物流快递企业的主要客户通过电话（话务中心端口）完成下单、咨询、投诉等业务需求，客服电话成为物流快递企业的重要服务窗口。但是，大部分物流快递企业存在着以下问题。

1. 没有统一号码，服务跟不上

物流快递企业通常会公布多个电话号码，客户根本记不住，就只打那些好记的，这很容易造成这些电话占线，那些客户少打的电话又很空闲，造成资源的浪费，而且会错失一些新增客户。此外，营业网点、地点、上班时间的限制还会给客户造成诸多不便。

2. 处理客户问题时效性差

物流快递业务系统不能对来电进行身份确认，服务人员处于被动状态，不能快速、全面地得到客户的背景资料或业务往来的历史资料，因此对客户有效应答和解决问题的能力受到严重限制。

3. 处理客户问题不连贯

客户的多次致电咨询可能会导致不同的服务人员多次处理同一件事，影响工作效率。同时，当客户需求需要多个部门合作才能完成时，易造成部门之间相互推诿，不仅客户的问题得不到根本解决，更易引起客户对企业的不满。

4. 客户信息缺乏管理

多数物流快递企业对客户信息无法进行集中管理与挖掘，对客户需求不了解，服务效率低，也无法主动与客户联系，企业只能被动地提供服务，缺乏与客户的交流沟通。

5. 电话服务与自身业务流程脱节

目前，大部分物流快递企业电话服务方式较为原始，电话服务时不能进行即时电子服务记录并直接转入下一步调度流程，客服流程与自身其他业务没有良好对接，导致效率低下与管理困难。

6. 营销模式陈旧

客户对服务的体验要求越来越高，传统的电话服务已经无法体现新老客户的区别，让老客户不能感受到优越感和享受企业特别的增值服务。

7. 客户资源流失严重

很多客户只认识服务人员，不知道物流快递企业，长此以往，客户会变成服务人员的私有财产，给企业造成很大损失。

综上，建设一个可以即时通信的客户服务中心，以解决阻碍企业发展的诸多问题，形成企业核心竞争力，是诸多物流快递企业谋求发展的当务之急。

通过图7-3可知，大部分物流快递企业业务始于客户服务中心，并通过客户服务中心电话联结企业内部业务流程各个重要节点。一个成熟的物流快递企业，客户服务中心应该成为该企业的调度中心。

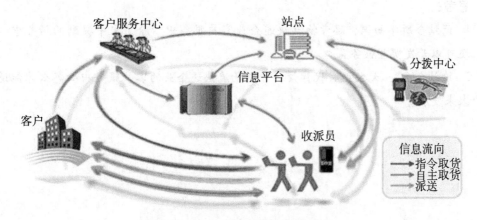

图7-3　物流快递企业业务流程

针对物流快递企业业务应用的特点与目前遇到的主要问题，建设客户服务中心主要为物流快递企业解决以下问题。

1. 统一电话号码，设置接听队列

通过客户服务中心的建设，统一企业对外热线号码，既方便客户记忆，又可通过队列设置轮循规则，避免了电话接听不均的现象，充分利用了企业内部资源。

2. 帮助企业建立客户资料库与服务记录

客户服务中心通过添加、保存客户资料与服务记录，可以设置客户级别，查看客户与企业的背景资料与业务往来记录，提高业务处理速度，实现业务处理的连贯性与

营销模式的多样性。

3. 加强话务管理，提升客户体验

通过对所有呼入、呼出电话进行全程电话录音，从根本上加强对话务的监控与管理，使客户得到最优良的电话服务，提升客户体验，塑造企业品牌。

4. 话务统计报表为快递物流企业经营者提供有力管理支撑

客户服务中心向企业提供话务量分机统计、日流量统计、月流量统计、通话质检统计等报表，使管理者能随时掌握企业经营状态，加强对企业的管理。

5. 客户服务中心与客户业务系统无缝对接

客户服务中心集成短信、传真平台，并提供外部开发对接接口，可以与物流快递企业业务系统进行数据对接，无缝整合客户业务流程，实现下单、调度、运单录入流程一体化，使客户服务中心真正成为物流快递企业调度中心。

6. 针对客户业务流程的个性化开发

客户服务中心系统自主研发产品，并具备根据客户需求进行二次开发的研发实力，客户可按照流程需求提出开发需求，由企业进行评估后进行开发，最大限度满足客户个性化需求。

思考：

1. 请结合所学知识，思考物流快递企业客户服务中心除了文中提到的话务中心端口，还可以开发哪些服务窗口。

2. 请结合5G、大数据时代背景，分析物流快递企业的客户服务中心怎么才能适应企业未来发展。

第八章 物流客户关系管理能力

物流竞争走向下半场，菜鸟如何靠服务破局

在 2021 全球智慧物流峰会上，一只能自动驾驶的"小蛮驴"吸引了不少人的注意。它周身呈黑白两色，具有类人认知功能，充 4 度电能跑 100 千米，每天最多能送 500 个快递。

这是来自菜鸟网络（下称"菜鸟"）的智能物流无人车，2020 年诞生以来已经在 15 所高校"上岗"，只要通过手机预约，智能物流无人车就会在 30 分钟内送货上门。

尽管物流行业市场巨大，但随着市场趋于成熟，增量递增幅度越来越小，竞争趋于存量博弈。未来物流的增量赛道主要有三个方面：物流数字化、智能化加速；消费者供应链加快升级到产业供应链；中国物流企业越来越多地参与到全球物流搭建中。这些正是菜鸟发掘的增量市场。菜鸟以科技驱动补足物流末端需求和服务空缺。

1. 开拓增量，锚定好服务

在全球智慧物流峰会上，菜鸟发布了"新成长计划"，菜鸟升级为数字社区生活服务站，计划在包裹代收之外通过丰富社区服务内容，借助数智化工具接入购物、洗衣、回收等社区便民服务，首批在北京、上海、杭州上线的"免费保管、按需上门"服务，一年内有望在全国落地，三年内让站点年平均收入翻倍。

菜鸟在"新赛道"的尝试，将快递市场的成本控制导向转为好服务导向，既提升了客户体验，也通过服务赢得更高的溢价，助力维持站点稳定，让快递行业向更健康、更持续的方向良性发展。

2. 延伸产业链，打造新产品

在商家供应链方面，菜鸟将智慧供应链服务向上游延伸，在国内的产业带开设产地仓，基于高性价比的供应链优势，帮助中小企业将商品从产地直接发到消费者手中。

此外，菜鸟还联合淘宝 C2M（顾客对工厂），用智能供应链向工厂反向定制产品。位于扬州的曙光牙刷厂，2019 年与淘宝共同开发了一款售价 9.9 元的电动牙刷，上线当天就卖了 3 万多单，但是大促带来的短时间订单骤增，使原有物流方式面临巨大压力。曙光牙刷厂和菜鸟建立合作后，72 小时签收率超过 80%。

3. 一杯咖啡钱，货物运全球

2020年新冠肺炎疫情暴发以来，一方面，大量商超关门，加速了全球消费的线上化趋势，刺激了中国跨境电商出口量的增加。另一方面，各国在出入境、物流、海关监管等方面趋严，空运价格暴涨，海运缺柜、爆仓成为物流运输的常态，物流供应链的不确定性增加。大量商家通过 Lazada（来赞达）、速卖通等平台把货物销往全球，依靠的是薄利多销，无法承担更高的物流成本，物流运输的时间最长会达半年，投诉时有发生。

菜鸟通过增开航线、智能合单等方式，为外贸商家提供更具性价比的出海方案。即便按照最快时效，商家通过速卖通把货发往全球，也不过一杯星巴克咖啡的价钱，物流成本比市场价低30%。相比之下，UPS、联邦快递7日达需要50美元。

除了将中国商品卖出去，菜鸟也将海外商品"引进来"。菜鸟布局了庞大的海外仓网络，同时，为海外品牌进入中国提供提货、仓储、运输、清关和配送等全链路服务，最终通过天猫国际、考拉海购等跨境电商平台卖给中国消费者。

菜鸟在物流新赛道的耕耘也在财务上获得了回报。剔除阿里关联交易收入之后，2021财年，菜鸟实现了372.58亿元的外部收入，同比大增68%，其中，全球物流与智慧供应链贡献了近八成。

第一节 物流客户关系管理能力界定

一、客户关系管理能力的含义

关于企业的客户关系管理能力至今还没有一个很明确的定义，但是很多企业和咨询公司都已经开始在客户关系管理领域进行相应的探索。例如，埃森哲咨询公司认为，企业的客户关系管理能力是把企业的内部活动和客户连接在一起的能力；普华永道公司则认为客户关系管理能力是能够把客户的信息和客户的价值从企业战略的角度加以看待和管理。从埃森哲咨询公司和普华永道公司对客户关系管理能力的认识可以看出，他们都是通过企业在客户关系管理活动中的表现来描述客户关系管理能力，但是并没有将这些描述整合起来，形成对客户关系管理能力的系统性定义。对客户关系管理能力的界定需要借鉴企业能力和核心能力的定义。企业能力理论认为，企业能力是企业拥有的实现组织目标所需的知识和技能。能力是决定企业异质性的根本，企业是一个能力系统或能力的特殊集合。企业的所有能力中，核心和根本的部分可以向外辐射，作用于其他各种能力，影响其他能力的发挥和效果，这部分被界定为核心能力。

在此把客户关系管理能力界定为：企业以实施客户关系管理为导向，在经营活动中配置、开发和整合企业内部和外部的各种资源，主动利用、分析和管理客户信息，迅速满足客户个性化需求，从而建立、发展和提升客户关系，形成竞争优势的知识和技能的集合。

这一定义首先确认了客户关系管理能力是一种企业能力，它是知识和技能的集合；其次，确认了使用这些知识和技能的目标是进行客户关系管理，因此，它以客户关系管理理论为基础，并且在企业的客户关系管理活动中体现为整合企业内外部资源，主动利用、分析和管理客户信息，迅速满足客户个性化需求。这一定义将客户关系管理理论、企业能力理论的描述有机地结合起来，体现了客户关系管理能力的本质。

通过对企业客户关系管理能力的界定，我们还可以认识到企业客户关系管理能力的强弱受企业每一个职能部门的影响，并不仅仅与营销和客户服务部门有关。首先，企业与客户的关系好坏由企业能够为客户创造价值的大小决定，而响应客户需求、创造客户价值需要所有的职能部门参与，营销和客户服务部门所做的工作仅仅是企业创造和传递客户价值的一部分。其次，企业的客户关系管理能力不是一种单一的能力，而是许多种能力的集合，换句话说，企业的客户关系管理能力包含许多子能力，而建立、保持和发展客户关系需要所有部门的参与，所以这种能力包含了企业内外部的多种资源，融合了企业的多种能力。最后，每个企业的客户关系管理能力都是异质的，如果企业的客户关系管理能力稀有且难以模仿，成为所有能力中的核心和根本部分，就可以影响其他能力的发挥和效果，成为企业的核心能力，为企业带来长久的竞争优势。

二、客户关系管理能力的构成

（一）客户洞察能力

企业的客户洞察能力是指企业通过各种行为特征识别客户，分析客户偏好与行为习惯，并从中得到有价值的决策信息的能力，受思维能力、竞争重点、数据资源、数据分析能力和对分析结果的理解力的影响。

对客户的敏锐洞察已经成为企业成功的关键因素。企业要培养自己强大的客户洞察能力，提高企业的个性化营销水平，需要做好客户数据管理、客户需求分析和客户洞察的应用与完善等方面的工作。

1. 客户数据管理

高质量的客户数据管理水平是企业进行有效客户洞察的基础。客户数据管理是企业进行个性化营销非常重要的能力之一，洞察客户需求是以数据分析为基础的。

企业首先需要建立起完整的客户数据管理策略规划自己的客户数据管理工作，然后建立数据共享机制，以数据库形式对客户信息资源进行规范管理，统一数据采集标准，保证数据及时、准确，在此基础上，有计划、有策略地采集和丰富客户数据。

目前，很多企业已经应用一些先进工具建立了自己的数据库，有着比较完备的销售数据和交易数据，如客户基本信息、客户交互记录、销售费用、销售状态、产品信息、呼叫中心交互记录、账务信息等。但是，很多企业建立的所谓数据库只是交易数据的汇总，这些数据只能通过表面的交互来了解客户，不足以深入洞察客户的需求，因此仅仅对这些数据进行采集和集成还不能帮助企业进行有效的个性化营销。当企业基于某些应用主题对客户进行分析建模需要抽取客户数据时，会发现企业数据库中缺少客户分析所需的一些行为变量。

客户数据是根据客户的需求设计和采集的，而实际上许多企业非常缺乏能够洞察客户行为和价值的客户信息，如人口统计数据、行为心理数据等。这些数据并不影响企业与客户的交易行为，但对于分析和识别客户的行为与价值却至关重要。

面对日益激烈的资费竞争，如何深入应用企业所掌握的客户信息，提升企业客户洞察能力，成为摆在各企业面前的实际问题。

2. 客户需求分析

客户需求分析就是将客户信息转化为客户知识，并在企业内部进行知识共享的过程。客户需求分析通过对客户信息的理解，应用建模技术，通过动态的行为和价值分析，识别客户的行为、价值和需求，帮助企业建立高效的客户洞察能力，从而为采取差异化的营销与服务策略提供支撑。

客户需求的分析过程应当由营销部门和客服部门主导，企业通过有效的分析工具确定客户需求及目标市场，并将准确的客户特征提供给营销及客服部门，以此支撑营销和客户服务策略的执行。客户分析要基于企业的业务目标，因为主导企业客户需求分析的是企业的业务和客户营销策略，而不是数据库技术、统计技术或者分析软件。

企业在充分收集客户信息的基础上，要突破传统的市场细分方法，应用经营分析系统和数据挖掘等客户洞察工具刻画客户的需求特点，将客户的几十个甚至上百个变量纳入客户细分过程，综合反映对客户多方面特征的认识，准确把握客户消费动向和需求。只有充分利用客户信息，洞察客户需求，才能将企业业务转化为客户真正需要的产品和服务。

数据挖掘技术是客户需求分析的利器，它能帮助企业以更全面的视角洞察客户，同时发现一些隐藏在数据背后的商业机会；数据挖掘技术已经不再局限于客户接触层面的客户关系管理，它已经真正深入客户的消费行为和消费喜好，从更加深入、全面的角度洞察客户、理解客户价值，继而基于这种洞察，在合适的时间、通过合适的渠道、向合适的客户提供量身定做的产品套餐。

3. 客户洞察的应用与完善

客户洞察是一个循序渐进、不断积累的过程。企业需要在实际应用中发现缺失与遗漏，找到最有效的客户洞察方法，并不断对现有的体系进行调整与完善。从数据管理、客户分析到客户洞察的应用与完善，企业客户洞察能力的培养和提高由此形成了一个高效的闭环。

企业应在客户数据管理与客户需求分析的基础上，策划、开发和提供蕴含客户实质需求的差异化产品、业务或营销方案，开展有针对性的营销，有的放矢地拓展市场。精准的客户定位能找到企业中高价值及高忠诚度的客户。企业根据各类客户的需求设计出不同的业务组合供客户选择。同时，在客户使用过程中，企业及时收集客户信息，反馈到企业数据库，以此跟踪、监控营销过程，并适时对营销方案做出动态调整与完善。

（1）客户互动。客户互动要选择一个对企业和客户都有利的互动方式。高质量的客户互动离不开企业对客户的理解。客户互动能力往往涉及以下三个关键的营销管理问题：渠道组合管理、客户接触点管理、客户沟通和客户体验管理。

目前，IT技术进步带来了营销通路的变革和客户消费偏向与方式的变化，在这种情况下，很多企业并没有在客户渠道偏好上进行相应的分析。在利用多通路进行营销渠道组合的设计和实践中，往往是沿着企业现有可利用的渠道接触客户，并进行营销通路设计，而没有从客户偏好的渠道联系企业进行考虑。

另外，尽管不少企业都寻求在客户接触点上为客户提供最好的服务，但是有些企业甚至不能在客户接触点上建立和执行高效的、高个性化的客户沟通。没有有效的客户互动，提供优秀的客户服务将无从谈起。虽然一些企业有着国际同步甚至领先的硬件水平，但是在客户服务体验方面的改进却落后甚多，至今仍停留在"客户至上"的口号上。

（2）营销管理。营销管理是在客户洞察的基础上，以客户为核心进行完整的营销策划、方案实施、营销绩效分析的全过程。高质量的客户数据和高水平的客户分析能力有助于企业识别客户需求，针对不同的客户群设计营销策略。企业的营销执行能力和活动管理水平是确保营销投资回报率能够实现的真正保障。

营销管理是一个在营销实践中动态学习的过程，不但需要应用行业内有效的营销实践，通过客户分析，设计出针对性强、市场竞争力强的营销方案，而且还需要实时收集营销执行的效果，应用实时的营销分析和客户洞察，为目标客户提供最适合的产品和服务，并且通过完善的营销绩效分析努力提高营销投资回报率。

目前，许多企业的实际营销管理能力相对较弱，但是营销活动却如火如荼。他们让市场部有限的几个或十几个员工面向数量庞大的客户，围绕数十个产品，策划实施大量的营销活动，结果就是只花费了时间策划活动，却没有精力顾及营销的实施，更不用说对营销进行实时的动态监控、完善及分析了。部分企业甚至会不厌其烦地在相近的时间内多次向同一客户针对不同产品进行营销推广活动，此种做法时常会导致的结果是营销活动只播不收，如此，企业收益情况恶化就不难理解了。

由此可见，如果企业建立起比竞争对手更强的客户洞察能力，就会在未来的客户竞争中处于优势。几乎所有的企业都承认客户是他们最重要的资产，但很多企业并没有意识到哪些客户是优质资产，在对客户进行营销投资之前，如果不对客户做精确的识别和分析，就很难取得理想的营销投资回报率。在某种程度上讲，客户洞察能力是最终左右企业成败的元素之一。

（二）创造和传递客户价值的能力

所谓客户价值，是指客户在购买和消费过程中所得到的全部利益。从狭义的观点来看，创造价值就是生产产品和提供服务；而传递价值则是尽可能为客户提供购买和使用便利，同时传递产品及企业的信息，与客户进行良好的沟通。在产品差异非常细微的今天，人、流程和服务已成为影响客户价值的主要因素，创造和传递客户价值难以截然分开。简洁有效的传递价值过程由于节省了客户的时间、提高了客户的满意度，也为客户创造了价值。创造和传递客户价值的前提是理解客户的需要，一切从客户的切身利益出发。随着客户需求的日益多样化和个体化，满足目标客户需求意味着客户化定制，即在产品、服务、流程、人、分销、价格和沟通等多个方面满足客户特殊的需求。

根据对创造和传递客户价值活动的分析，创造和传递客户价值的能力可以理解为在客户购买产品和服务的过程中，使客户价值和企业价值最大化的能力。无论是吸引客户的营销能力，还是生产和提供客户所需要的产品的能力，以及向合作伙伴快速传递产品和服务的能力都属于创造和传递客户价值的能力的一部分。创造和传递客户价值的能力首先取决于员工的观念和素质，因为员工表现直接影响企业为客户创造价值的大小和价值的实现，所以必须将员工表现和客户满意度结合起来，对员工进行再教育或再培训。创造和传递客户价值的能力要求企业内各部门之间，甚至企业和企业之间有效地协同工作。企业内各部门的协同工作能够提高为客户服务的效率，从而增加为客户提供的价值。企业间的协同工作主要指与供应商、分销商以及其他的合作伙伴建立良好的合作关系。例如，公司的供应商需要理解公司致力于服务的对象，以便对客户需求变化做出快速反应；公司必须与分销商合作，形成强大的、各有所长的分销网络，及时进行信息交流、提供技术支持，及时快捷地运输产品。合作能够带来很多益处，如共同分担成本；将企业的产品和信息及时快捷地传递给客户，并将客户的反馈信息传递给企业；客户信息共享带来市场的扩展；新产品的共同开发带来的风险和成本的降低；等等。更重要的是这些活动增加了客户让渡价值，提高了客户满意度。所以，为了加强创造和传递客户价值的能力，企业应该将供应商、分销商及其他合作伙伴紧密结合起来，更好地满足目标客户群的需求。

（三）管理客户生命周期的能力

管理客户生命周期的能力即与目标客户发展和保持良好关系的能力。企业不仅应当具备与客户充分交流的能力和追踪客户的能力，还应当具备根据交流和追踪的结果针对不同客户提供个性化服务的能力。

最常见的客户生命周期维系的工具是销售漏斗。做过销售的人应该有这样的概念：并不是每一个潜在客户都会成为企业的最终客户，因此存在着一个自然的销售漏斗。通常情况下，当新客户出现时，他虽然有较为明确的需求，但并不是一定会成为你的客户。新客户在与销售人员的接触中，逐渐确认公司的产品和服务，最终成为真实的客户。在这个过程中会有很多客户不会成为真正的客户。所以，销售人员的作用是尽可能地将潜在的客户逐步转化为真实的客户。销售漏斗示意如图8-1所示，在这个模型中，销售人员的工作好像装弹夹一样，不断地把客户从漏斗的上方压到漏斗的底端。

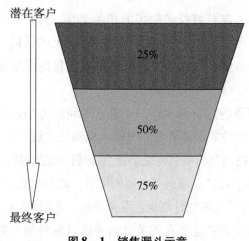

图8-1　销售漏斗示意

下面我们就以第三方物流为例，完整地介绍一下销售漏斗管理的全部操作流程。图8-2展示了各阶段在整个销售流程中所占的权重。

（1）客户规划与邀约。要联系目标客户，就必须首先准备好客户基本信息表和联系人基本信息表。此外，如果还能掌握对方决策人的基本信息就更有助于加快项目的推进。

（2）客户拜访。在第一次正式拜访客户时，向对方提供本公司的产品及成功案例的宣传资料，甚至电子期刊等，有利于客户对公司的了解和认可。而制定一个针对客户的营销活动表，并且制作一个客户关系评估分析图，可以帮助公司在不断了解客户需求的基础上有针对性地强化和客户的关系。

（3）提交初步方案。在了解客户的具体要求的基础上制定并提交初步方案。

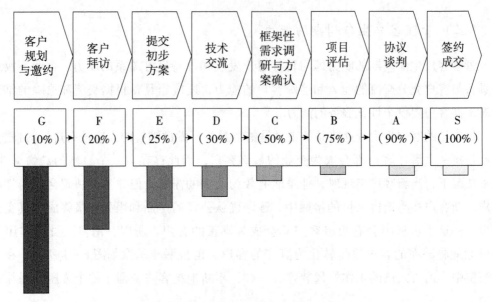

图8-2　各阶段在整个销售流程中所占的权重

（4）技术交流。事先准备好技术简报的相关 PPT，同时，运用投影仪及简报小精灵等多媒体手段加强技术简报的表现力，从而获取更大的认同。同时，一份翔实的对售前技术人员的反馈表和技术交流分析表可以使交流目的性更加明确，因而会取得更好的效果。

（5）框架性需求调研与方案确认。一个需求调研和方案设计模板，配合关键决策人的基本信息表，是框架性需求调研与方案确认成功的关键。

（6）项目评估。一份出色的项目评估方案是赢得评估小组认可的最大筹码。另外，正所谓"知己知彼，百战百胜"，掌握多方面的信息，制作出竞争对手的优/劣势分析表、影响因素分析表和强化客户关系的计划表，取长补短，才能使自己的方案更胜一筹。

（7）协议谈判。协议谈判建立在相关合同和协议附件的基础之上，所以一套完备正式的合同模板和协议附件不可或缺。

（8）签约成交。只要双方还没有签署书面合同，那么项目性销售就还不能说已经成功。这时候销售人员尤其要注意掌握异常客户信息，把优质到位的客户服务坚持到最后，以确保签约能顺利进行，最终实现交易。

第二节　物流客户关系管理能力的影响因素和评价指标

一、物流客户关系管理能力的影响因素

从客户关系管理价值链的分析可以看出，尽管客户关系管理价值链的基本活动是

客户关系管理的基石，但是基本活动要发挥作用必须依赖于各种支持活动。各种支持活动则映射了客户关系管理能力的影响因素，下面具体介绍。

1. 信息技术

信息技术主要指 CRM 系统，如前面所述，在 CRM 系统的最上层是接触层。CRM 的管理思想要求企业真正以客户为导向，满足客户多样化和个性化的需求。而要充分了解客户不断变化的需求，必然要求企业与客户之间有双向沟通，因此拥有丰富多样的接触渠道是实现沟通的必要条件。典型的沟通方式包括呼叫中心、网上交流、电话交流、传真和面对面沟通等。CRM 系统应当支持和集成这些渠道，保证客户能够采取其方便或偏好的形式随时与企业交流，并且保证来自不同渠道的信息完整、准确和一致。

CRM 系统涉及的业务过程主要是市场营销和客户服务与支持，因此支持相应部门的子系统构成了 CRM 系统的功能层。

CRM 系统的最下层是共享的数据库。过去，前台各部门从自身的角度去掌握客户的数据，业务割裂；而 CRM 系统改变了前台的运作方式，打破了信息孤岛现象，各部门信息共享，密切合作。CRM 系统基础的共享数据库成为所有 CRM 过程的转换接口，可以全方位地提供市场和客户信息。数据库的重要作用体现在以下几点：帮助企业准确地找到目标客户群；帮助企业在最合适的时机以最合适的产品满足客户需求、降低成本、提高效率；帮助企业结合最新信息和结果制定新策略，塑造忠诚客户。

CRM 系统不但要使相关流程实现优化和自动化，而且必须在流程中建立统一的规则，以保证所有活动在完全相同的理解下进行。全方位的视角和数据库形成了关于客户以及企业组织本身的一体化蓝图，其透明性更有利于与客户有效沟通。因此，CRM 系统的软件结构充分体现了以客户为中心的思想，对企业客户关系管理能力的提升具有重要作用。

2. 高层领导

高层领导对客户关系管理的认识和理解越充分、越深入，对客户关系管理能力的培养就越支持、越关心。如果缺少了这样的支持者，针对提升客户关系管理能力的前期研究和规划也许会完成，也会完成一些小流程的重新设计，也可能会购买相关的 CRM 技术和设备，但企业出现有意义的改进的可能性很低。

首先，高层领导对客户关系管理的正确理解有利于企业根据客户关系管理能力的内涵和作用及企业的实际情况，制定合理的、易于量化的客户关系管理能力发展目标。其次，提升客户关系管理能力需要各个部门的协同工作，将信息和流程整合在一起，但是各个部门都有自己的利益和需求，作为一种新型的核心竞争力，客户关系管理能力的提升固然能给整个企业带来好处，却难免会对旧有的体制造成冲击，需要某些部门和人员做出牺牲，这时，高层领导的协调和支持对企业变革能否继续进行至关重要。

最后，提升客户关系管理能力需要足够的财力作为支撑。一方面，提升客户关系管理能力可能需要建设 CRM 系统。CRM 系统是一种高风险、高回报的投资。不管怎么节省，CRM 系统要实施成功，都有一个投资门槛。抱着"投资少量资源尝试一把"的心态的企业，通常的下场是白白浪费钱。另一方面，为提升客户关系管理能力所引起的组织变革也要支付相应的成本。所以，客户关系管理能力的发展需要高层领导的理解，以获得足够的财务支持，确保成功。

3. 企业文化

企业文化是一个组织的价值观、指导信念、理解能力和思维方式。它代表了组织中不成文的、可感知的部分。每个组织成员都在企业文化之中，但企业文化通常不为组织成员关注，只有当组织试图推行一些违背组织基本文化准则和价值观的新战略和计划时，组织成员才能切身感受到企业文化的力量。

企业文化有五种功能：导向功能、约束功能、凝聚功能、激励功能和辐射功能。导向功能指企业文化能对企业整体和企业每个员工的价值取向和行为取向起引导作用，使之符合企业所确定的目标。约束功能指企业文化对每个员工的思想、心理和行为具有约束和规范作用，这种约束不是制度式的硬约束，而是一种软约束，它造成个体行为从众化的群体心理压力和动力，形成个体行为的自我控制。凝聚功能指当一种价值观被该企业的员工共同认可后，成为一种黏合剂，从各方面将员工黏合起来，产生巨大的向心力和凝聚力。激励功能指企业文化具有使员工从内心产生一种高昂情绪和发奋进取的精神效应。辐射功能指企业文化一旦形成较为固定的模式，不但会在企业内发挥作用，而且会通过各种渠道对社会产生影响。

通过对企业文化的功能分析可以看出，以产品为中心的企业文化对客户关系管理能力的培养有阻碍作用，而以客户为中心的企业文化能够通过其导向功能和约束功能使企业员工建立起以客户为中心的价值取向，在与客户的交流过程中更多地考虑客户的利益，避免以损害客户利益满足企业利益的短视行为，实现客户与企业的双赢。同时，以客户为中心的企业文化让"客户是企业的利润和长期竞争力的源泉"这种观念深入人心，能够将员工团结起来，激励员工为提升客户关系和企业的长期发展不断创新。当以客户为中心的企业文化形成固定模式后，能够在社会上树立企业全心为客户服务的形象，从而赢得人们的信赖和好感，吸引更多的潜在客户。因此，以客户为中心的企业文化能够提升企业的客户关系管理能力。

4. 人力资源

客户对企业的感观和客户关系的维系依赖于与客户交流的企业员工的服务质量。因为客户无论通过何种方式与企业接触，都是与企业中的人员交流。企业员工的观念、技能和素质直接影响企业为客户创造和传递的价值以及企业与客户的关系。

首先，企业员工是否具有全心全意为客户着想的观念，是否把以客户为中心的企业文化中的条条款款转化为真心为客户付出的实际行为，都会直接影响客户的购买欲望和企业形象。几乎所有的人都有这样的体验，当我们到达商店准备购买某种商品时，如果出现在面前的服务人员态度友好、热情周到，我们会高兴地购买这种商品；反之，若服务人员态度恶劣，即使这种商品再好，我们也不一定购买。因此，企业员工是否具有以客户为中心的价值观并指导实际行为，对企业形象和客户关系有重大影响。

其次，员工的知识结构和服务技巧会影响企业的客户服务水平。要在激烈的竞争中脱颖而出，员工不仅需要服务态度好、热情周到，更重要的是关注客户的个性化需求与情感需求。但是客户的个性化需求与情感需求是非常复杂的，不同的客户有不同的需求，即使是同一个客户，也会随着时间、场合和心情的不同提出不同的要求。例如，客户在餐厅吃饭，当他赶时间时，他最迫切的要求是上菜快；而当他宴请亲朋时，他最迫切的要求是味道好，价格适中，环境优雅。而且，客户的个性化需求和情感需求的表现方式比较模糊。因此，基层人员对产品知识和企业背景知识的熟悉程度，在心理学、社会学和技术方面的素养，敏锐的洞察力和高超的服务技巧，对现场各种微妙信息的捕捉和把握，以及适当的决策能力等，对客户关系的影响至关重要。

最后，企业员工的全局观对客户关系管理能力也有重大的影响。影响企业与客户关系的不只是企业营销部门的营销人员和直接为外部客户提供服务的其他服务人员，还包括其他的企业员工。因为在为客户创造和传递价值的过程中，任何一个环节的低效率或低质量都会影响最终的客户价值。所以，企业的每一个员工都应当具有全局观念，如生产研发部门的人员需要及时了解市场的变化和客户的需求，积极配合营销部门的要求，研制客户喜爱的产品，而不是以本部门的利益为中心；营销和服务人员应当破除保守的观念，认真发掘、判断和收集有价值的客户信息，主动把高质量的客户数据输入数据库，使各部门能共享市场和客户知识，为企业做出正确的商业决策奠定基础。

5. 组织设计

组织的集权程度、管理层次的多少和整合程度对客户关系管理能力有重大影响。过于集权容易压低员工的主创精神，因此，为基层员工授予更大的权力，有利于调动他们的积极性，发挥其创造性，使他们在面对客户的个性化需求时能够采取更为灵活和多样的措施，不必将每件小事都层层上报，等待审批。这样不仅能为客户提供更为快捷、准确的个性化服务，还满足了员工实现自我价值的愿望，使员工更加满足和忠诚，对员工未来的服务质量产生积极的影响，从而推动客户关系管理能力的发展。

过多的管理层次使信息沟通渠道过长，造成信息失真以及成本增加，决策者也无法对客户需求和市场变化做出快速反应。压缩中间管理层能够使信息快速流动，有利于消除高层管理者与客户之间的鸿沟，让高层管理者随时了解客户的需求和变化，及时制定应对策略，在满足客户需求的同时提高企业利润。

企业的整合程度指企业跨越传统的职能部门的界限，使各个部门整合起来为客户服务。企业的整合程度越高，各部门间的合作程度越高，工作越协调，越能够有效地减少各部门间相互推诿、各自为政的状况，提高组织的运行效率，从而更有效地进行客户关系管理。

6. 供应链伙伴

随着全球经济的一体化，人们发现在全球化大市场的竞争环境下，任何一个企业都不可能在所有业务上都成为杰出者，企业与企业的竞争已经不是个别企业在一定时间、一定空间，为争夺某些终端、某些客户一对一地单打独斗了，也不主要是为了争夺市场占有率和覆盖率的竞争，而是基于产品开发设计、生产制造、配送与分销、零售与服务的跨时空的整体性竞争。因此，企业外部的供应链伙伴也对客户关系管理能力产生重大影响。以制造企业为例，供应链伙伴包括供应商、合作者和分销商。供应商指企业所在供应链的上游企业，供应商供货及时，能够降低企业的库存，从而降低生产成本，进而为客户让渡更多的价值。供应商根据企业要求提供特殊原材料的能力对企业为客户量身定制产品的能力和速度有重大影响。分销商指将企业产品传递给终端消费者的供应链下游企业，虽然随着电子商务的发展，越来越多的企业面向客户进行直销，分销商的角色会发生变化，但在目前，他们仍然具有一定的地位，即使在未来，他们仍然将帮助企业将产品和服务传递到客户手中，只是业务的侧重点会发生变化。因此，分销商的能力与服务水平对客户满意度会产生影响，在一定程度上延伸了企业客户关系管理能力。同时，分销商对客户信息的反馈是否及时和准确也会影响企业的客户关系管理能力。为了更好地利用资源和降低成本，企业会实行"分散生产"或"外包生产"。例如，企业自身抓住附加值高的、有核心竞争力的业务，而把非核心的业务外包给在此方面有优势的设计、制造伙伴，这些设计、制造伙伴就是企业的合作者。企业和合作伙伴的合作能将各自的分散优势转变为整体优势，从而按照客户的喜好来定制产品，以满足客户的特定需要。

二、物流客户关系管理能力的评价指标

通过评价指标进行考核，才能看到客户关系管理能力的变化和提升效果。同时，定量的指标能够将客户关系管理能力的提升和企业经营业绩挂钩，体现客户关系对于企业经营能力提升的促进作用。另外，通过横向比较，确定企业在行业中的客户关系管理能力的强弱，以便制定相应的竞争策略。所以制定合理的客户关系管理能力评价指标是企业客户关系管理过程中的重要环节。

根据前面对于客户关系管理能力的划分，我们可以将客户关系管理能力划分为客户洞察能力、创造和传递客户价值的能力及管理客户生命周期的能力。

1. 客户洞察能力

（1）市场信息反馈能力。市场信息反馈能力是指企业在生产经营活动中，市场上客户和竞争对手的信息及变动情况能够及时传递回企业。市场信息反馈能力是客户洞察能力的重要组成部分和前提。衡量这一能力主要通过营销部门进行估计，估计市场信息的反馈速度，一是评价企业采取一项措施后市场和客户的反应情况能多快传递回公司，这一速度与同行业的企业相比如何；二是评价市场和客户的变动反馈回企业的速度，即评价变动发生到企业发现变动的时间长度，这一时间长度与同行企业相比是长还是短。通过对这两方面的评价即可估计出企业的市场信息反馈能力。

（2）客户信息分析能力。客户信息分析能力包括数据分析的效率、准确性，以及对数据分析技巧的灵活应用和正确建模。衡量这一指标要综合考虑企业处理客户信息的速度、准确性和有价值的分析结果与分析结果总数的比例，将这些方面与行业平均水平相比较，即可对企业的信息分析能力做出正确的评价。

（3）对客户的了解程度。这一指标主要反映企业对客户信息分析结果的理解能力，对客户的了解程度反映在企业对客户构成情况的了解，以及企业对每一种类型客户的偏好、行为特点和潜在需求的洞察情况上。对客户的深入了解有助于解释客户的购买动机，能够提高客户行为预测的准确性。因此，衡量企业对客户的了解程度主要是评价企业根据对客户的了解做出的决策所产生的效果。

（4）黄金客户识别能力。企业80%的利润是由20%的客户创造的，这20%的客户就是企业的黄金客户，企业应当对这些黄金客户给予特别的关怀和优惠，以保证企业能够长期保持相应的利润。衡量黄金客户的识别能力，就是衡量企业对黄金客户特征的把握程度，即企业根据数据分析得出的黄金客户的特点采用了相应的措施之后，企业的黄金客户份额和销售利润是否有明显的增长。

2. 创造和传递客户价值的能力

（1）研发新产品的能力。研发新产品是为客户创造新的价值，因此研发新产品的能力是表征企业创造和传递客户价值的能力的指标之一。衡量这一能力的标准在于评价企业获得市场反馈信息或进行客户分析后，开发出新产品的速度（相对于同行业竞争对手而言）。需要注意的是，此处新产品并不仅指在技术上彻底变革的新产品，也包括对原有产品的改良和重新组合。

（2）企业的定制化生产能力。企业的定制化生产能力即企业满足客户个性化需求的能力。衡量这一指标时要考虑定制化产品和服务的宽度，即哪些产品和服务可以定制及产品和服务的哪些部分可以定制，完成定制化产品和服务所需的平均时间，提供定制化产品和服务所花费的成本。在这些方面与同行业相似规模的企业进行比较，确定本企业的定制化水平。

（3）企业员工的服务水平。企业员工的服务水平直接影响企业能否将价值传递给客户，从而实现企业自身的价值。企业为客户提供的产品可以分为三个层次：基本产品、附加产品和情感交流。由于企业在基本产品和附加产品之间的差别越来越小，针对客户的情感交流成为吸引客户、维系和提升客户关系的重要手段。情感交流的效果主要由直接面对客户的基层员工的服务水平决定。衡量这一指标主要考察直接面对客户的员工的服务态度、与客户情感交流的技巧、对客户情感变化的感知和反应的速度及在服务中的创新能力。在这些方面和行业的平均水平相比较，评价本企业员工的服务水平。

（4）交货能力。交货能力是指从客户提出购买产品和服务的请求到获得产品和服务的时间长短与交货方式的灵活性。衡量这一指标不仅要考虑时间长度的绝对值和交货方式的多寡，更重要的是要比较在相似的距离间隔及购买渠道下竞争对手的速度和灵活性。

（5）销售渠道的多样性。销售渠道的多样性直接影响客户获取企业创造价值的难易程度，多样的销售渠道和这些销售渠道的覆盖面决定了客户购买企业产品是否方便，从而影响客户的购买欲望。尤其是对一些没有传统销售网点的地区和一些没有时间通过传统网点购买的人群来说，销售渠道的多样性就显得尤为重要。评价销售网点的多样性就是与行业竞争对手比较销售渠道的多寡。

（6）客户使用产品的方便性。客户使用产品的方便性意味着企业为客户创造的价值能否在使用中方便地体现出来，这一指标不但反映企业为客户创造价值的能力，而且影响客户购买的积极性，衡量这一指标的方法是与同行业其他企业的产品相比，本企业的产品是否更易于操作和维护。

（7）品牌管理能力。客户购买产品不仅是为了寻求核心利益，更加看重的是心理上的满足。在现代生活消费领域里，消费者的消费心理与购买行为与其对品牌的认知度、知名度和信赖度直接相关，因此品牌管理能力影响着企业的形象和销售业绩。衡量一个企业的品牌管理能力，主要考虑以下几个方面：①企业是否能有效地确定品牌投资力度和投资重点，提供长期稳定的服务和品质，全力维护和宣扬品牌核心价值，保持品牌的吸引力和美誉度；②企业是否能增强相关品牌系列效应；③企业能否利用创新手段加强品牌组合。通过对以上三个方面的综合考虑并与同行业企业相比较，可以确定企业的品牌管理能力。

3. 管理客户生命周期的能力

（1）对客户关系的把握能力。企业对客户关系的把握能力是企业管理客户生命周期的重要指标。衡量这一指标，可以考察企业维护客户关系的投入和取得的效果（如客户流失率的降低）之比，并参照同行企业的平均水平，从而确定企业对客户关系的把握能力。

（2）对客户变化的反应能力。客户发生变化主要是指客户从一种类型的客户向另一种类型的客户转化或是从客户生命周期的一个阶段转向另一个阶段，这两种转变都需要一定的时间，企业能否在客户一开始转化时就敏锐地发现客户的变化并采取相应的措施，对维护和发展客户关系具有重要的意义。衡量这一指标主要考虑企业从发现客户变化迹象到客户真正改变的时间长短及客户的流失速度。

（3）处理客户抱怨的能力。客户抱怨表明虽然企业的产品和服务存在问题，但是客户仍然想和企业维持关系，而不是企图离去。处理客户抱怨的能力是指处理客户抱怨的速度和有效程度，这一能力对客户保留非常重要。衡量这一指标应考虑企业相对于同行企业解决客户抱怨的平均时间和客户对解决方案的满意程度。

（4）交流渠道的多样性。维系客户最重要的一点就是要与客户保持充分的交流和互动，由此才能充分了解客户的所思所想，为维系客户关系的行动奠定基础，因此把交流渠道的多样性作为衡量企业管理客户生命周期能力的一项指标，衡量这一指标的方法是与同行业企业相比，企业提供的交流渠道的多寡和有效性。

（5）交流的及时性。交流的及时性是指企业能否及时满足客户的交流需求，它影响客户是否愿意与企业交流。衡量这一指标，一要考虑客户平均等待时间，即客户在与企业交流时不得不等待的时间；二要考虑客户放弃率，即客户感到等待服务的时间过长而放弃服务的数量占总呼叫量的比率。通过这两项指标与同行业企业的对比确认企业与客户交流的及时程度。

（6）交流的有效性。交流的有效性是指企业与客户交流的过程中能否给客户满意的答复。交流的有效性则直接影响客户关系的质量。衡量这一指标的方法是考察企业与客户开始交流后，解答客户问题所花费的平均时间和交流人员的友好性、机敏性及见识是否广博，再与同行企业相比较，确定本企业与客户交流的有效程度。

案例阅读

在行业中具有"物流黑马"之称的跨越速运继上线"跨越整车"业务后又有新动作了，自 2019 年 7 月 1 日起，其官方客服热线由 400 - 809 - 8098 全面升级为 95324。届时，国内客户只需要拨打 95324，便可快捷地解决订单查询、预订、咨询等服务需求。

1. 从 400 到 95，升级的不止是客服热线

在快速发展的速运行业中，速运的服务水平将越来越体现一家速运公司的价值。跨越速运深知为客户提供持续优质的速运服务是企业在竞争中的一把利器，是打造核心竞争力的重要内容。因此，跨越速运始终以客户需求为导向，在多元化、个性化方向上不断提升客户体验。

作为由工业和信息化部直接管理审批的特殊号段，95 号段以申请审批严格著称，一直是稀缺资源，此前多为银行、保险公司、证券公司、航空公司等特殊企事业单位的专用号码。95号段热线没有区号，全国唯一，在使用上不受城市区域限制，企业一旦申请成功将是终身制的号码，具有极强的企业辨识性，有助于提升企业的品牌形象，更有助于进一步提升其客户服务水平、优化客户体验。

2. 跨越式服务

立足于速运服务行业，跨越速运在创立之初就充分发挥了跨越速运的航空资源优势，推出了当天达、次日达、隔日达三大时效产品，并率先推出"限时速运"服务，将速运服务的时长从以前的天级缩短到小时级，从时效上入手，专注为客户提供高效优质的速运服务。

跨越速运在时效上一直保持着行业领先水平，哪怕是在"618""双11"这些电商狂欢节，面对暴增的业务量，跨越速运利用多年积累的商家资源和大数据智能分析系统，能够事前预测具体网点的具体快件量，智能分配线路，并通过不同运输产品的组合方式，确保时效服务的使命必达。跨越速运在此基础上仍在不断地提速，2017年跨越速运就启用了夜航专机，从凌晨开始进行不间断的省际速运，实现跨省6小时当天达，比原来的8小时快了2个小时，满足了客户更好、更快的服务期望。

24小时昼夜取派、"限时未达，全额退款"是跨越速运对所有客户的服务承诺，只为让客户更贴心、更高效。只要客户有寄递需求，不管何时何地，跨越速运工作人员都会第一时间上门取派件，免收夜间服务费。这对于物流服务要求越来越高的客户来说，尤其是遇到大件物品需要快递、收取时，跨越速运工作人员的出现，使客户产生了犹如危急时刻忽见救兵来临的惊喜感。

为了让客户安心，让客户享受到100%的安全服务保障，跨越速运为保证货物的安全，除了各类专业包装和货物跟踪定位，还施行三个"100%措施"，即100%收寄验视，在收寄件时进行开箱检查和验视；100%实名收寄，通过有效身份证件及其他材料进行实名认证；100%过机安检，每件货物都会通过X光安检机，严格查防违禁品。

3. 跨越式发展

跨越速运还推出了"跨越整车"服务，借助其智能报价系统、智能调度系统及智能服务系统，3小时内即可为客户精准匹配到车辆，提供全国直达专车运输服务，确保客户的货物准时、安全送达。这项服务对于企业客户来说是一大福音，周转的货物能得到快速的托运，全程没有中转延误，通过跨越速运的智能监控系统能全程了解货物的动向，交易双方能及时跟进货物收发动向。

本着"勇于跨越，追求卓越"的企业精神，据悉，跨越速运还将以"大数据＋AI"为基础，通过智能化作业、智能化服务、数字化运营和智能化决策四个维度进一步提升高效品质速运服务所带来的客户体验价值。可见，跨越速运以客户体验为本，一直在跨越，一直在升级！

第三节　物流客户关系管理能力提升

一、物流客户关系管理能力提升的影响因素

1. 信息技术

在客户关系管理的过程中，信息技术能够帮助相关流程实现优化和自动化，提高管理的效率；同时，现代交互技术的发展能够提供多种方式与客户随时随地交流；整合的信息技术还能帮助企业实现客户信息的共享。

2. 高层领导

高层领导作为影响客户关系管理能力提升的因素之一，其影响方式如下。

（1）制定合理的客户关系管理能力发展目标。企业的高层管理者是企业战略的制定者和执行监督者。客户关系管理能力的发展需要在前瞻性和现实性的原则指导下，制订现实可行的目标。

（2）协调企业的各个部门。客户关系管理能力的提升对现有的条块分割的企业部门设置是一种冲击。在利益和权力的博弈中，很多部门可能会产生抵触情绪，从而影响整体能力的提升。所以，高层领导需要通过管理艺术和技巧，合理地分配利益，巧妙地化解矛盾。

（3）提供足够的财务支持。客户关系管理是软硬件的整体调整，需要一定的时间和系统性的财务投入，投入的差距需要高层管理者去协调。

3. 企业文化

（1）员工应当建立以客户为中心的价值取向。企业文化是企业发展的润滑剂，对于客户关系管理能力的提升具有导向功能、约束功能、凝聚功能、激励功能和辐射功能。优秀的企业文化能够引导员工以客户为中心开展工作。

（2）激励员工为建立客户关系不断创新。创新是企业发展的动力，企业应通过服务创新不断地满足客户增长的服务需求；满足客户的多元化和个性化需求是客户关系管理能力提升的核心。

（3）树立形象，吸引更多的潜在客户。客户关系管理能力虽然能够通过信息技术得以提升，但是企业的服务最终还是要通过人的素质来体现的。所以，企业文化能够通过塑造高素质的员工吸引更多的潜在客户。

4. 人力资源

员工是否具有以客户为中心的价值观并用其指导实际行动直接影响客户的购买欲望。所以在客户关系管理能力提升的过程中要注意人机结合的管理模式，充分发挥员工的潜能。

员工的知识结构和服务技巧会影响企业为客户服务的情感化和个性化水平。现代客户情感化诉求和个性化意识更为强烈，需要员工在对客户的理解能力及服务的科学化方面具有较高的技巧。所以创造良好的学习氛围，为员工的职业能力发展提供持续的培训是提升客户关系管理能力的途径。

企业员工的全局观影响最终的客户价值。客户关系管理是一个全局性的系统工程，需要多部门、多方面的配合。每一个服务环节都是整体客户感受的组成，能从全局出发考虑自己工作的员工，能够提供给客户更多的最终价值。

5. 组织设计

客户关系管理能力要求企业对于市场的变化更加敏感，更迅速地响应客户的需求。在组织结构上，扁平化的组织更能适应这种变化的需求。企业的集权程度影响员工的积极性和创造性。

6. 供应链伙伴

通过企业间的协调和资源优化，降低成本，共享信息，能够更好地从供应链的全过程保证为客户服务的能力，并能够保持更大的竞争优势。

二、物流客户关系管理能力的提升途径

企业应当通过实施企业文化变革、人力资源管理变革、组织结构变革、引入先进的信息技术等提升整体的客户关系管理能力。具体而言，企业可以通过以下途径进行调整。

（1）树立以客户为中心的价值观：①强调企业对客户资源等外部资源的关注，让生产要素的活动围绕以客户资源为主的企业外部资源展开；②新的价值观应当使企业更加重视客户的利益，逐步消除通过损害客户利益满足企业利益的短视行为；③新的价值观应当促使企业更加关注客户的个性化需求；④新的价值观应当使企业更注重为客户提供情感交流层次的服务。

（2）变革企业的人力资源管理体系：①变革招聘过程；②加强员工培训；③变革绩效考评和激励体系。

（3）建立更加扁平化的组织结构：①向基层员工授权；②减少中间层；③进行职能部门的整合。

（4）循序渐进的信息引入过程：①确定阶段目标和实施路线；②分析业务流程；③设计 CRM 系统架构；④实施 CRM 系统；⑤评估实施效果。

（5）选择适合的供应链伙伴：①供应链伙伴不仅要拥有出色的专业技术，更重要的是要具备以客户为中心的经营理念；②通过企业、供应链伙伴的协调调动、资源优化和先进技术的应用，在降低库存成本、制造成本和运输成本的同时，客户服务水平可以保持不变甚至得到提高；③通过企业和供应链伙伴之间的资源合理配置，整个供应链围绕客户提供增值服务，提高客户价值。

🔍 **案例阅读**

近年来，联合包裹不断创新投递模式，丰富消费者的投递选择，提升消费体验。例如，"我的选择"免费服务可以让消费者更好地管理上门投递，"接入点"服务为消费者提供了灵活便利的替代投递点，等等。随着智慧物流和绿色物流的普及与推广，联合包裹积极引入科技与环保理念，全方位打造极致客户体验。

1. 借助智能入户系统，实现一次上门、多件投递

继在纽约和旧金山成功推出楼内投递服务后，联合包裹计划将智能入户设备 Latch 推广至亚特兰大、芝加哥、洛杉矶、休斯敦、达拉斯、华盛顿、费城、波士顿、迈阿密、西雅图等城市。届时，快递员可以使用 Latch，向那些不在家的收件人提供安全、便利的楼内投递服务。

Latch 可以让住户或其他人使用智能手机或数字证书打开大楼的门锁，每台设备植入多角度摄像机，可以捕捉非住户进入大楼的视频图像，授权客户可以通过 Latch 移动客户端监控大楼的人员进出情况。对于进入楼内进行投递的快递员，Latch 会记录快递员每次进出大楼的时间和位置。

Latch 首席执行官 Luke Schoenfelder 表示，"智能入户"将在很大程度上改变城市居民的生活方式，与联合包裹的投递合作便是智慧生活的重要体现之一。

Latch 调查数据显示，美国有近 2000 万座多户型住宅楼，且每年新增近 35 万座。为了让更多的住户享受楼内投递服务，Latch 将使用 R 系列产品，允许住户、物业经理以及授权的服务商通过智能手机、智能卡片或密码进入住宅楼。作为一套独立的访问控制系统，Latch R 不需要任何复杂的布线和读取设备，它内置了 WiFi（威发）、以太网、蓝牙和韦根协议模块，方便人们上锁和开锁。

2. 推出环保包装，提升产品体验和购物便利性

联合包裹联手全球知名回收公司 Terra Cycle，为消费者推出了可回收包装系统 Loop，并在巴黎和纽约进行试点。

Loop 客户将收到由合金、玻璃和工程塑料等材料制成的经久耐用、可重复使用、可回收利用的包装品，包括外包装箱和手提袋，减少了客户对一次性包装的需求，同时也为客户减少浪费提供了一种优雅的解决方案。外包装箱可以盛放液体、干货及个人护理用品，里面配有保护性分隔装置，使用的材料便于清洗和再利用。联合包裹包装设计和实验室参与了包装设计与测试。在设计上，尽量避免材料破损、产品泄漏、外包装设计引起客户审美疲劳等，确保设计的包装能够受到消费者青睐，而且经久耐用。在实物测试上，重点测试 Loop 包装如何通过联合包裹高度自动化的全球物流设施，经受住庞大业务量的寄递考验。

联合包裹将根据在巴黎和纽约的试点情况，收集客户反馈数据，从而进一步优化业务流程，更好地服务客户。

课后复习

习题

1. 从客户关系管理能力的角度入手，分析 DHL、UPS 等国际性大公司的核心竞争力。

2. 请探讨信息技术是如何影响快递企业的客户关系管理能力的。

3. 根据本章内容，为我国的本土仓储型物流企业的客户关系管理能力提升提供一些有价值的建议。

4. 客户关系管理能力是一种什么能力？

5. 客户关系管理能力的评价指标在不同行业会有怎样的调整？结合物流行业谈谈你的感受。

6. 提升客户关系管理能力需要企业员工具备哪些沟通技巧？

案例阅读

案例 1（见表 8 – 1）：

表 8 – 1　　　　　　　　　　某第三方物流公司销售人员自述

日期	内容
10 月 21 日	会面当天我给当地烟草包装印刷公司服务采购部的赵部长打电话，约好下周见面
10 月 28 日	一周后，我见到他，知道烟草包装印刷公司现在的物流服务由 B 公司提供，但是赵部长希望能找到价格更加合理、服务更好的公司。他提到和 B 公司在合作过程中曾经遇到令人非常不愉快的事情，如出现状况时会被要求无尽地等待，而留下口信又长时间得不到回复。他对这种状况表示非常不满，也给公司的运作带来了很大的麻烦。 赵部长表示 3 年前烟草包装印刷公司的财务总监选择了 B 公司，但他并不了解选择这家公司的具体原因。我问了许多服务方面的细节问题，他都给予了回答，我都一一做了记录。结束后我提出下周二两点再次见面的请求，同时给出一份计划书，他同意了
11 月 15 日	我把自己的计划书交给赵部长，看完之后，他说："看起来不错。"他表示他会和财务总监一起讨论的，最后他还承诺会在两星期之内给我打电话
12 月 3 日	我打电话了解到烟草包装印刷公司的财务总监希望再次交流之后再做决定，我们约定下周再进行交流

案例 2（见表 8-2）：

表 8-2　　　　　　　　　某第三方物流公司销售顾问面谈记录

公司（人员）	某第三方物流公司——销售顾问张先生
客户（人员）	上海某建筑有限公司——工程部王部长
情况	第三次面谈
谈话内容	张先生："王部长，物流服务系统方案这个项目，我已经把我们公司的服务理念及服务能力与日本 B 公司进行了比较，也给你看了，我们的性价比是最高的，我想你一定会考虑采用的，你说是吗？"
	王部长："目前我也没有完全的把握给你什么承诺，我向上级汇报一下给你回信，届时我再跟你联系。"

案例 3（见表 8-3）：

表 8-3　　　　　　　　　某第三方物流公司销售经理面谈记录

公司（人员）	某第三方物流公司——销售经理苗经理
客户（人员）	常柴集团——设备采购部施主任
情况	第三次面谈
谈话内容	苗经理："施主任，关于物流服务的方案如何更加适合每一个企业的情况，我已经做了一个分析报告。提供服务之前，我们公司制定的服务方案都是为客户量身定制的个性化方案，我们会根据企业的要求进行设计；在服务的过程中，我会根据实际情况随时和你企业进行沟通。所以，施主任，我准备下周举办相关部门的交流会，你认为下周哪个时间比较方便呢？"
	施主任："苗经理，我也感觉这个事情比较紧迫，总经理经常提到，我向他汇报一下，没有问题的话，下周我们再交流吧。"

思考：

1. 以上案例中，各个销售人员分别进行到了哪个阶段？为什么？

2. 各个销售人员在以后的工作中有什么需要注意的地方？

第九章　物流客户关系管理实施

美团网的客户关系管理

美团网成立于 2010 年 3 月 4 日，是一家高速成长中的互联网平台企业。2016 年在完成与大众点评网的深度融合后，美团网餐饮平台提出"扎根业态"的战略理念。但是在同一领域，百度、腾讯、阿里巴巴这样的互联网巨头公司也组建团队投入巨资加入竞争，美团网面临着前所未有的挑战。在这种环境下，客户的开发速度、客户的体验、客户的忠诚度就越来越重要。如何根据客户需求友好互动，如何满足客户需求，实现企业与客户的共赢，如何高效率地推进业务发展速度，是美团网必须要解决的问题。

1. 二分法的客户定位

美团网有着"吃喝玩乐全都有"和"美团一次美一次"的服务宣传宗旨。美团网客户按供给侧和需求侧划分为两类：供给侧客户，在美团平台为消费者提供信息及交易服务的线下生活服务类商家；需求侧客户，在美团平台查看及购买线下生活服务类商家所提供产品服务的消费者。针对供给侧与需求侧客户，美团网采取与之对应的客户关系管理方式。

2. 供给侧客户管理

在供给侧（如餐饮商家侧），从开店开始，围绕餐厅的生命周期，为商家陆续推出选址、招商加盟、经营培训、餐饮系统（ERP 软件）、收银、会员管理、金融贷款等新的服务及产品。美团网对供给侧客户关系管理的策略如下。

（1）建立客户关系。建立客户关系前要选择客户，精准识别客户后可以避免花费在非客户身上的成本，从而减少企业资源的浪费；客户的开发策略包括营销导向和推销导向两种。营销导向的开发策略，指企业通过适当的产品、适当的价格、适当的分销渠道和适当的促销手段吸引目标客户和潜在客户产生购买欲望并付诸行动的过程。推销导向的开发策略，就是企业在自己的产品、价格、分销渠道和促销手段没有明显特色或并不容易理解的情况下，通过人员推销的方式引导或者劝说客户购买，从而将目标客户开发为现实客户的过程。

（2）维护客户关系。在维护客户关系前，要将客户进行细分，由于不同的客户实际为企业创造的价值不同，而企业的资源又有限，把不同的客户分配给不同的资源团队，可以提升企业的人效，避免资源的浪费。在细分客户之后，则可进行一系列的如客户沟通、客户满意度提升、客户忠诚度提升、客户挽救（客户抱怨解决）等工作。

3. 需求侧客户管理

在需求侧（如大众消费者侧），围绕消费者用餐场景，美团网陆续推出预订、点菜、排队等新的功能。美团网对需求侧客户关系管理的策略如下。

（1）建立客户关系。美团网对需求侧客户的开发以营销为导向，即企业通过适当的产品、价格、分销渠道和促销手段，吸引目标客户和潜在客户与企业达成合作。

（2）维护客户关系。相较于供给侧客户关系管理方式，需求侧则轻松一些，因为类似美团网这种平台企业的跨边网络效应，会因一边的客户忠诚而保有另一边的客户忠诚，所以对于美团网而言，无须同时在两边均投入大量资源，只需先确保一边的客户忠诚即可。

4. 搭建生态环境

既然美团网连接了需求侧和供给侧的客户，那么，是否可以为他们搭建一套良好的生态环境，则决定了美团网对双边客户的吸引力，也决定了它的价值。因此，美团网需要有为供给侧客户提供管理需求侧客户关系的服务能力。美团网为供给侧客户提供的管理需求侧客户的客户关系管理系统从类型上被定义为"分析型 CRM"。分析型 CRM 主要定位是客户数据分析，是企业的决策支持工具，不涉及营销过程管理，是互联网企业的标配。系统根据客户的线上行为记录，对客户的消费频次、金额、时段、地域进行分析，找出客户、产品和服务的特征，指导企业经营活动，修正企业产品和市场策略。

通过美团网与双边客户的交互和服务策略，辅以美团网为双边客户关系管理提供的客户营销、沟通等服务工具，美团网在客户关系管理的应用上获得了不错的成果，在业务发展过程中，也取得了稳固的市场地位。

第一节　客户关系管理实施概述

CRM 的实施应该从两个层面考虑：第一，从管理层面来看，企业需要运用 CRM 中所体现的思想来推进管理机制、管理模式和业务流程的变革；第二，从技术层面来看，企业部署 CRM 系统实现新的管理模式和管理方法。这两个层面相辅相成、互相作用。管理的变革是 CRM 系统发挥作用的基础，而 CRM 系统则是支撑管理模式和管理方法变革的利器。一个企业如果要想真正让 CRM 应用到实处，必须要从这两个层面进行变革创新，缺一不可。

一、管理层面

企业的战略是企业在市场经济体制下，根据企业内外部环境及可利用资源的情况，为求得企业生存和长期稳定地发展，对企业发展目标、达成目标的途径和手段的总体谋划。CRM 战略是指企业为了优化管理客户资源、使客户价值最大化而制定的受到管理的、并得到信息技术支撑的长远规划和长远目标。战略目标的实现需要所有员工和高层管理者的参与和支持，各个部门领导的参与是成功的关键。

CRM 战略是使企业通过客户分段重组、强化使客户满意的行为并连接客户与供应商这个过程，优化企业的可盈利性，提高利润并改善客户的满意程度。CRM 是一种新的企业管理思想和管理模式，需要 CRM 系统支撑发展。CRM 将为企业带来新的契机和新的核心竞争力。

二、技术层面

（一）分析营销和服务流程

研究现有的营销和服务流程，了解客户在何种情况下会购买产品及目前存在的问题等，并找出改进方法。在需求分析阶段，要同营销和服务部门的经理举行一系列的会议，就 CRM 系统的要求和策略进行讨论。

（二）选择供应商

在对某 CRM 系统供应商的解决方案进行评价时，要考虑三个重要的要素：系统功能齐全、技术先进开放、供应商有经验和实力。只有将这三个要素紧密结合在一起，才能实施成功，单个要素的优势并不能弥补其他要素的劣势。

（三）系统的开发、实施和安装

CRM 系统方案的设计，需要企业与供应商的共同努力，应优先考虑使用这一系统的工作人员的需求。CRM 系统的成功依赖于有步骤、有规划的实施，主要包括需求分析、项目管理、系统实施和客户化、系统测试、系统的运营维护和系统支持等内容。

（四）CRM 系统的维护

很多 CRM 系统有性能指标功能，要求 CRM 系统能向相关人员提供合适的数据。为了确保 CRM 系统实现预期的效果，应该在 CRM 系统向全部客户开放前就对其进行测试。

综上所述，客户关系管理是一种旨在改善企业与客户之间关系的新型管理机制，它实施于企业的市场营销、服务与技术支持等与客户相关的领域。总之，CRM 项目是一项系统工程，因此，我们要从系统的角度对 CRM 有一个全面深刻的认识。它不仅是一种先进的营销管理思想，还是综合性的企业应用系统。企业通过 CRM 的实施不仅能改善企业的销售业绩，提高企业的经济效益，更重要的是能改善企业的管理理念和管理流程，带来管理历史上的又一次新的变革。

案例阅读

华为助力滴滴出行，建设敏捷数据中心

滴滴出行是涵盖出租车、专车、快车、顺风车、代驾及大巴等多项业务在内的一站式出行平台，2015 年 9 月 9 日由"滴滴打车"更名而来。2012 年 6 月 6 日，北京小桔科技有限公司成立，经过 3 个月的准备与司机端的推广，其移动端 App 产品"滴滴打车"9 月 9 日在北京上线。截至 2015 年 9 月，第三方调研数据显示，滴滴出行已占据国内出租车叫车软件市场 99% 的份额。目前，滴滴国内网约车日单量在 2400 万单左右，年运送乘客达 100 亿人次，在全球范围内，滴滴与 Grab、Lyft、Ola、99 和 Bolt（Taxify）共同构建的移动出行网络触达全球超过 80% 的人口、覆盖 1000 多座城市。

滴滴出行的现有业务涉及移动端数据采集、高性能计算、大数据分析等，而且伴随其业务拓展，对于网络性能和可靠性能的要求越来越高，且其现有数据中心在支持的网络规模、数据交换能力、突发流量应对、网络可靠性等方面难以满足其业务发展要求，亟待升级。华为作为业界领先的数据中心网络解决方案供应商，针对滴滴出行的业务发展需求，提供了高性能、高可靠、易扩展的敏捷数据中心网络解决方案，不仅实现了多业务的可靠承载，支持 7×24 小时稳定运行，同时作为可平滑演进的网络可有效支撑未来业务的高速增长。该解决方案具有一定的先进性和代表性，对于中小型互联网企业具有重要的借鉴意义。

第二节　物流企业客户关系管理实施策略与实施流程

一、物流企业客户关系管理实施策略

（一）调整物流企业的经营管理理念

现在大多物流企业还没有将"以客户为中心"的理念作为企业的核心价值理念。现代物流企业要学习这种理念，重视客户的利益，关注客户的需求，同时要在同行业中积极寻找企业间的合作与共赢机会，加强物流企业间的沟通和交流。现代物流企业要积极培训自己的员工，让他们认识到企业全新的经营理念。同时，现代物流企业也应重视企业内部员工、尊重员工，培养员工对企业的忠诚度，这样才能够在企业经营中提高整体竞争力。

（二）对物流客户进行系统化管理

现代物流企业要以数据库、客户信息集合为基础构建自己的客户关系管理系统。通过这个管理系统对物流客户信息进行整合，在物流企业内部实现资源共享，这样能够为物流企业客户提供更加迅捷、周到的物流服务，以此保持和吸引客户。同时，物流企业通过对整体资源的统一管理，能有效降低物流成本、减少服务成本，并通过高效的物流客户关系管理系统提高物流企业的整体竞争力。

（三）针对不同客户需求实施不同的关系管理

在系统的数据库中，物流企业将客户的数据集中在一起，建立一个比较全面、系统的数据模型，在此基础上进行有效的分析和归类，为物流企业的客户关系管理提供及时的决策信息。物流企业要学会辨别物流企业客户的类型，从而进行差异化的服务。比如，可将客户分为成熟型客户和潜在型客户，结合业务员个人和客户的接触等方面的信息获得客户的详细需求，为物流企业客户提供切合实际的物流服务。

（四）建立战略联盟，提供高质量的物流服务

现代物流企业要善于利用自己经营多年的业务网络，联合其他物流企业，如专业提供存储、运输等方面的物流企业等建立战略联盟，这样可以优势互补，便于整合各种物流资源，进行有效的物流调配，为物流客户提供更加高效的、优质的服务。当然这种战略联盟只是"动态联盟"，物流企业找到更加合适的合作伙伴后，原来的联盟也就宣告结束。

（五）加强物流企业人才建设，加大资金投入

物流企业实施客户关系管理的关键在于人才，怎样培养高素质、高技能的物流人才是现代物流企业迫切需要解决的难题。一方面，物流企业可选送部分员工到相关院校进行物流专业知识和技能的短期培训，让他们在短期内尽快了解并掌握物流企业客户关系管理的知识和技能；另一方面，物流企业可根据需要同相关大中专院校实施订单培养，委托大中专院校培养适合自身需要的客户关系管理人才。

另外，实施客户关系管理需要相关的软件提供支持。一般情况下，此类软件需要投入几十万元甚至上百万元的资金，后期的软件维护、升级等费用也不是小数目。因此，

作为物流企业高层领导，应加大资金投入，为企业实施客户关系管理提供根本保证。

二、物流企业客户关系管理实施流程

物流企业客户关系管理实施流程如图9-1所示，在实施过程中，企业应不断提出相关问题并寻求答案，以保证物流企业客户关系管理项目顺利完成。具体问题列举如下。

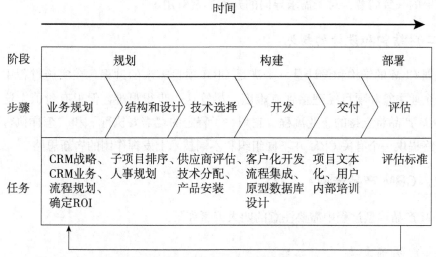

图9-1　物流企业客户关系管理实施流程

注：ROI为总投资收益率。

（1）CRM资金是否已经到位？

（2）是否确定了企业的CRM战略及相应的CRM战略目标和战略实施计划？

（3）项目经理是否已经对实施步骤胸有成竹？

（4）项目团队是否已经定义好企业的CRM需求？

（5）是否已经建立了成功的标准？

（6）企业所有部门对"客户"有一个共同的定义吗？

（7）当前的工作站开发环境是否支持CRM产品的客户化？

（8）企业是否已经确定哪些应用软件或系统必须与CRM产品进行集成？

第三节　CRM项目规划和产品选型

一、CRM项目规划

（一）业务规划

CRM业务规划包括许多内容。在业务规划阶段，最关键的活动是定义CRM的整体目标（可能在企业级和部门级的层次上），并刻画出每一种目标需求。对于企业级的 CRM，业务规划包括公司 CRM 战略和相应项目的定义；对于部门级的 CRM，业务规划只是简单地建立一个新的 CRM 应用软件的界面。

但是无论项目大小，业务规划阶段都应当包括以战略文件或业务规划的形式确定的高层次 CRM 企业目标的文档材料。这种文件将会影响 CRM 是否能在开发初期获取企业高层的一致同意，对于需求导向的开发非常有用。

（二）结构和设计的规划

规划 CRM 的结构和设计是一个满足 CRM 项目需求的过程，在实施过程中，往往容易让企业主管和项目经理感到有难度。尽管这一步很艰难，但很有价值。这一步确认了 CRM 产品将支持的企业流程，它列举了特定的"需要执行"和"怎样执行"的功能，最终提供一个有关 CRM 在不同组织和不同技术上发挥作用的崭新思路。

二、CRM 产品选型

CRM 产品选型过程中需要注意的四大因素如下。

（一）明确需要

企业先审查一下自己的管理状况，总结一下自己的需求，看看自己到底需要什么。若发现管理在流程上出现了问题，则在 CRM 项目实施时，考虑进行业务流程重组，规范现在不合理的或者效率不高的流程。若发现是数据分析问题，现有业务人员缺乏有效的分析工具，则要考虑 CRM 系统能否提供企业所必需的分析工具；若发现是企业管理效率问题，就要找出管理效率低下的原因，再让对方顾问提出相应的解决方法，看能否帮企业解决实际问题。

（二）企业高层积极参与

信息化项目都要求企业高层的积极参与，因为它涉及权力的重新分配与业务流程的调整。没有强力的推动，项目很难开展下去。

一方面，在选型时，要求各个部门抛弃原有的成见，能够开诚布公讨论问题，寻找原因，而不是互相揭短、踢皮球。此时，若没有企业高层在上面指挥，座谈会很可能会开成部门之间互相攻击的谩骂会。所以，企业高层在需求调研时要掌握方向，不可激化部门之间的矛盾，同时要让员工畅所欲言。

另一方面，企业高层要确定哪些业务要放入 CRM 项目。二八原则告诉我们，公司 20% 的业务给企业创造了 80% 的利润。那这 20% 的业务到底是哪些呢？企业高层要跟各个部门负责人一起找出这 20% 的业务，选型时要考察对方 CRM 系统对这 20% 的业务的管控力度。如此是为了避免一种情况：CRM 系统对这些关系到企业利润命脉的 20% 的业务没有好的解决方案，而对剩余的 80% 的业务管理得井井有条，这是本末倒置，并不能给企业带来多少价值。

（三）根据切身需要选择 CRM 系统

首先要考虑业务流程的复杂性。若企业现有的客户管理流程不是很复杂，或者已经有管理工具，如 ERP 等，只是缺乏一些数据分析的工具，那么可以采用分析型的 CRM 系统。

其次要考虑客户想达到的效果。客户要上 CRM 项目，是为了提高自己的业务流程的管理控制力度呢？还是为了提高数据的利用率和决策的准确率？若是前者，则可以使用操作型的 CRM 系统；若是后者，则建议使用分析型的 CRM 系统。

最后要考虑企业的规模与项目投资的预算。若企业规模够大，实力雄厚，则可以选择操作和分析两者兼有的大型 CRM 系统。现在一些大公司推出的 CRM 系统，如 Oracle、SAP 等，功能已经比较齐全，但价格也比较昂贵。

（四）考虑跟现有系统的集成

企业可能在实施 CRM 系统之前已经有了一些信息化系统，如电子商务系统、办公自动化系统、财务管理系统等。因为 CRM 系统跟这些系统有重合的地方，企业在选型时，要考虑对方 CRM 系统的集成性，看看能否把这些系统有机地整合在一起，防止做一些重复性的工作。

例如，CRM 系统跟财务管理系统，两者关于应收账款的部分是重合的，如何让 CRM 系统里的出货信息自动生成财务管理系统中的应收账款信息？而财务管理系统中的收款信息又如何反映到 CRM 系统中去？这不仅是对方实施顾问要考虑的问题，也是企业要考虑的问题。

再如，电子商务系统，客户在网上通过电子商务系统直接下单，如何才能直接反映到 CRM 系统中去，而不用人为地再输入一遍下单信息？CRM 系统里的相关信息如何能够直接传输到电子商务系统以供客户查询？

这些系统之间的集成工作做得好，可以大大提高工作效率，否则，会产生很多重复性工作。

企业在考虑集成性的时候，不仅要考虑现有系统之间的整合性，也要考虑未来的信息化战略，即未来可能采用的信息化系统之间的整合性。最好选择那些遵守国际通用的规范，有标准 EDI（电子数据交换）接口的 CRM 系统，如此才能够为以后的系统整合带来便利。

海尔集团 CRM 系统的应用

市场中利用 CRM 系统打造一流企业信息流、资金流与物流"三流合一"的成功体系，并取得成功的案例不在少数。下面，我们以海尔集团（以下简称海尔）为例，说明 CRM 系统在企业中的作用。

海尔位于青岛的现代化物流立体仓库（相当于普通仓库 30 万平方米）竟只有 10 人，那么对于一家世界 500 强企业来说，仓库是如何做到不拖累企业生产、销售体系的呢？

原来，在与 SAP 合作之初，海尔就要求 SAP 为其提供一套完整的电子供应链套件，即电子采购（BBP）—企业内部流程优化再造（ERP）—自建分销物流（DRP）—零售连锁终端服务客户（CRM）。海尔利用 CRM 与 BBP 架起了与全球客户资源网、全球供应链资源网沟通的桥梁，实现了与客户的零距离，提高了海尔对订单的响应速度。

网上订单管理平台使海尔 100% 的采购订单由网上直接下达，同步的采购计划和订单提高了订单的准确性与可执行性，使海尔的采购周期由原来的 10 天减少到 3 天，同时供应商可以在网上查询库存，根据订单及库存情况及时补货。网上支付平台则有效提高了销售环节的工作效率，支付准确率和及时率达到 100%，为海尔节约了近 1000 万元差旅费，同时降低了供应链管理成本。目前，海尔网上支付已达到总支付额的 30%。

网上招标平台通过网上招标，不但使竞价、价格信息管理准确化，而且防止了暗箱操作，降低了供应商管理成本。网上信息交流平台使海尔与供应商在网上就可以进行信息互动交流，实现信息共享，强化合作伙伴关系。

此外，海尔的 ERP 系统还建立了其内部的信息高速公路，实现了将客户信息同步转化为企业内部信息，从而实现以信息替代库存，接近零资金占用。

课后复习

习题

1. 请问现在比较流行的 CRM 系统有哪些？找出三种并加以比较。

2. 外包和自建 CRM 系统有什么利弊？应该如何选择？

3. 在 CRM 项目实施中有哪些需要克服的难点？如何解决？

案例阅读

用技术提升效率——美团建设平台化 CRM 系统

一、O2O 决胜线下

O2O 即 Online To Offline，是指将线下的商务机会与互联网结合，让互联网成为线下交易的前台。但是 O2O 平台自身并不提供客户最终享受的商品、服务，这些服务都来自线下商户，换句话说，平台只是服务的搬运工。线上风景固然亮丽，但是并不像看到的那样风光。在"团购"领域中，各大 App 在功能布局、操作体验等方面差异化越来越小，这极大地降低了客户使用门槛，作为理性逐利的 C 端客户来讲，最常见的结果是谁便宜就会用谁。

线下能力包括线下资源的控制能力和线下服务品质的控制能力。线下能力最终决定了平台能够提供给线上客户的服务和服务品质，只有能够提供丰富、实惠、高品质的服务，才能够在线上赢得客户、取得成功。美团之所以成功，就在于强大的地面运营团队所建立起的线下能力，而这些能力的施展与体现离不开 CRM 系统。

二、美团的 CRM 战略

CRM 系统立足于帮助美团解决线下资源控制的问题。通过商家关系的建立和维系客户关系，同时借助于新技术和方法改进来提升工作效率，从而达成连接美团和商户的使命！

1. 销售

在 CRM 系统中，线索是非常重要的资源，提供丰富、有价值的线索是 CRM 系统的首要职责。在美团，线索对象通常指商家门店（POI），通过对门店关键人物（KP）的拜访和机会转化，最终为美团提供合作商家（可上单的商家）。线索通过多种渠道获得：网上数据爬取（初期）、BD（业务拓展人员）采集、商家创建、众包采集。美团数据中心（MDC）将信息收集完成后，POI 将会进入审核环节，未经校准的 POI 会经由人工（运营审核、众包采集）、机器审核进行校准、去重工作，通过反向拉取、消息队列通知等方式，线索数据最终会同步到 CRM 系统。

基于美团的大数据服务，在 CRM 系统中的 POI 数据将会被标记分类和信息聚合（历史上单信息、历史销量信息、关联门店记录）。随着美团的影响力逐渐扩大，更多的商家也会主动寻求和美团的合作，目前商家可以通过商机（提交合作信息）和入驻（自助服务）寻求与美团的合作，这些"机会"信息会直接作为线索进入 CRM 系统的机会转化模型。

2. 运营

销售发现商家，运营维系商家。与美团合作的商家也需要一系列的维系工作，如延期、变更合同、新上单，这部分工作起初是由 BD 来完成的，不仅消耗了 BD 大量的时间维系老商家而无法及时拉新，老商家的满意度也无法保障。在这个背景下，美团建立运营工作台——中台。将合同、小品类逐渐从 BD 层过渡到运营层，通过这一过渡，美团取得了惊人的成绩：在中台，平均每个运营人员能够覆盖 900 多个门店、1000 多个合同，是 BD 维护能力的 5 倍以上。

3. 信息之战

通过竞争情报、策略分析、应用执行等多层服务系统化的数据链条，各种"决策命令"由机器 + 人工的方式在总部动态制定，再经 CRM 系统基于系统设定的处理流程下发到城市端，最后由城市进行快速的跟进，辅助其做出正确处理。在处理过程中，城市端也可以通过任务系统及时反馈问题至总部，以获取更多的决策信息来辅助其做出正确处理。对于城市无法及时处理的"决策命令"，总部项目运营团队甚至可以直接进行干预，如直接调整在线项目的价格。

4. 移动办公

早在 2013 年，美团就推出了团购行业的第一个客户关系管理客户端 MOMA（Mobile Meituan App）。BD 在扫街过程中，基于定位信息，MOMA 可以快速推荐出 BD 所在位置的周边商家。对于指定的商家，MOMA 提供的详细页面汇集了商家的基本信息、联系人信息、历史拜访信息、历史合作销量情况等，通过这些信息，BD 可以快速判断并制定谈判的方式，促成合作的达成。MOMA 还集成了待办事项中心、活动页面，这些功能能够帮助 BD 快速获取任务，便于销售人员进行客户关系管理，提升工作效率。现在，美团 BD 在 MOMA 上的持续访问时间已经是在 Web 上访问时间的 1.5 倍；从创建商家、客户拜访数据上看，MOMA 的占比已经超过 70%。

三、技术构架

CRM 系统建立在底层服务的支撑 MDC、供应链（合同、上单）、PMC（合作商信息）、大数据服务之上，同时抽象了一部分基础组件服务。

在应用层，根据业务特点，美团又狭义地定义了面向销售的 CRM 系统和面向运营的中台系统，这里统称为 CRM 系统。美团的 CRM 是随着业务发展逐渐演化而来的，架构也在不停地优化之中。微服务化就是美团在架构改进中的策略之一，如 Deal 中心就是这个过程的一个产物。在需求开发过程中，门店详情页、项目运营页面、项目列表页面都需要使用 Deal 对象，而 Deal 对象由于生命周期非常长，很多状态或数据分别存在于多个供应链系统、主站，并且在系统功能层面上提供复杂的检索支持。基于数据库、CCache 服务、索引服务（SolrCloud）等将与 Deal 相关的对象、服务从 CRM 系统中分离并沉淀为一个 Deal 中心服务。通过分解巨大的单体式应用为多个服务方法解决了复杂性问题，这就是微服务化所带来的收益。

通过美团平台化CRM的建设，美团在客户关系管理的应用上获得了不错的成果，业务的发展也在市场上占有一席之地。当然，CRM建设不止于美团和商家，将来也会逐渐拓展到更多的业务上，为商户和客户建立起CRM系统，为美团、商家、客户（会员）搭建起关系的桥梁。

思考：

1. 美团CRM系统实施的流程是什么？案例中是如何进行关系营销的？

2. 美团CRM系统的主要技术架构是什么？

3. 你是怎么评价美团CRM系统的实施效果的？

第十章　物流客户关系管理的其他问题

蜜枣网借助 Azure 智能云平台部署具备
人工智能能力的零售行业解决方案

在各个行业都在讨论数字化转型的今天，传统零售行业正面临着前所未有的挑战。随着城市基础设施建设的不断完善，大型商业综合体在数量上不断增多，但商业综合体在品牌、店铺、消费方式上的同质化使得消费者不再将某个购物中心作为休闲购物的首选。此外，电商平台的兴起逐渐侵蚀传统的零售行业，如何在新的时代为消费者提供新的体验，实现持续的发展成为每一家实体零售经营者需要考虑的问题。

零售业以前没有技术手段理解与分析消费者体验与销售额之间的关系，所以只能从价格促销方面来改变经营结果，而现在人工智能将消费者体验数据化，从而给新零售带来革命性的管理创新。蜜枣网借助微软的 Azure 智能云平台与认知服务开发的锐智眼消费者体验智能分析系统能够赋予商场感知消费者满意度的能力，根据客流量、客户情绪等实现及时的运营策略调整。

为了帮助传统零售行业客户解决运营和管理方面的问题，蜜枣网选择与微软合作，将云计算、大数据和物联网等创新技术领域整合，在 Azure 智能云平台上借助认知服务中的"人脸识别"和"情绪识别"API（应用程序接口）部署具备人工智能能力的零售行业解决方案——锐智眼消费者体验智能分析系统。这套系统的最终目的是研究消费者的体验情况，通过新型信息技术及互联网手段与消费者实现新型的、个性化的交互和服务，满足消费者需求，从而提升消费者满意度，提高企业核心竞争力。

蜜枣网基于 Azure 智能云平台和认知服务开发的锐智眼消费者体验智能分析系统在应用之后，取得了良好的效果，并为客户和企业自身带来了一系列显著的收益。

当然，蜜枣网的技术团队和运营团队还基于 Azure 智能云平台和认知服务实现不断的技术创新，为客户提供更多的新零售体验，以帮助传统的线下门店应对来自行业的竞争与电商的挑战。通过利用认知服务的 Face API，未来消费者能够自愿选择采用脸部 ID（识别）注册会员信息取代传统实体会员卡，客户无须携带会员卡或报出手机号，只需在对应的服务台或收银台通过面部识别系统就能获得会员服务，系统也会根据客户喜好以智能化的方式精准提供优惠券和店铺引导服务，让消费者能够获得更加个性化的专属消费体验。

第一节　客户关系管理在我国的发展

一、CRM 在我国的发展现状

纵观 21 世纪以来的国内 CRM 市场，一方面，国外 CRM 软件商已经加大了开拓中国市场的力度，国内的 CRM 软件商也纷纷推出或正在开发 CRM 软件，随着 CRM 市场的不断发展，CRM 被不断重新定位，CRM 解决方案呈现出多样化的特点；另一方面，国内企业在各方面的需求也越来越强烈，一些企业已开始实施 CRM。我们从以下几个方面介绍国内 CRM 的发展现状。

1. 行业应用

在我国，CRM 的应用已经覆盖了几乎所有的行业，但不同行业的应用程度有所差别。一则调查资料显示，CRM 应用最广泛的是金融、电信及 IT 行业，这些行业中的企业信息化程度较高、自身业务流程较为完整，通过应用 CRM 或部分功能往往能迅速建立起与客户之间的有效价值链，产生良好的效益。

相比之下，传统制造业、零售业、地产业、医药业等行业的企业，虽然对 CRM 的重要性已有一定认识，也有一定的应用，但是目前的市场占有率并不高。随着 CRM 认知程度的提高，CRM 系统将逐渐被越来越多的企业所熟悉和接受，将有更多的行业和企业在竞争的驱动下，为扩大市场占有率及提高客户满意度，对应用 CRM 产品产生大量的需求。

并非所有的企业都能够执行相似的 CRM 策略。同样，当同一家企业的不同部门在考虑 CRM 实施时，事实上有着不同的需求和不同的技术基础设施。因此，客户的行业特征和企业规模引导着 CRM 的分类发展。在企业应用中，越是高端的应用，行业差异越大，客户对行业化的要求也越高，因而有一些专门的行业解决方案，如银行、电信、大型零售等 CRM 应用解决方案；而对中低端应用，一般采用基于不同应用模型的标准产品来满足不同客户群的需求。

2. 企业规模与 CRM 应用

在我国，一些行业内具有雄厚实力的大型领先企业显现出较强的 CRM 应用需求。这些企业由于业务发展稳定，对业务能力的改善和发展是企业的核心业务策略，因此对引入信息化手段改善业务有非常明确的需求，同时企业已经形成自身管理模式，正好弥补 CRM 供应商对行业经验的欠缺，CRM 的实施效果容易呈现，因此 CRM 在这类企业的应用将会快速发展。大型领先企业是目前我国 CRM 的主要市场。

同时，中小企业应用渐成气候。我国拥有数量极为可观的中小企业，成长性极强、市场潜力巨大，为面向中小企业 CRM 市场的专业厂商提供了广阔的市场空间。

不同规模的企业有不同的 CRM 应用需求。首先，大型企业在业务方面有明确的分工，各业务系统有自己跨地区的垂直机构，形成了企业纵横交错的庞大而复杂的组织体系，不同业务、不同部门、不同地区间实现信息的交流与共享极其困难；同时，大型企业的业务规模远大于中小企业，致使其信息量巨大。其次，大型企业在业务运作上强调严格的流程管理。而中小企业在组织机构方面要简洁很多，业务分工不一定很明确，运作上更具有弹性。因此，大型企业所用的 CRM 软件比中小企业的 CRM 软件要复杂、庞大得多。一直以来，国内许多介绍 CRM 软件的报道和资料往往是以大型企业的解决方案为依据的，这就导致一种错觉，好像 CRM 软件都是很复杂、庞大的。其实，价值万元左右的、面向中小企业的 CRM 软件也不少，其中不乏简洁易用的。

越来越多的 CRM 软件供应商会依据不同企业规模来提供不同的 CRM 产品。主要的 CRM 软件提供商一直以企业级客户为目标，并逐渐向中型市场转移，因为后者的成长潜力更大。

3. 不同层次的 CRM 并存

CRM 涵盖整个客户生命周期，涉及众多企业业务，如支持服务、市场营销、订单管理、数据挖掘、建立电子商务平台等。CRM 既要完成单一业务的处理，又要实现不同业务间的协同；同时，作为整个企业应用中的一个组成部分，CRM 还要充分考虑企业的其他应用，如与财务、库存、ERP 等系统进行集成应用。

但是，不同的企业或同一企业处于不同的发展阶段时，对 CRM 的整合应用和企业集成应用有不同的要求。为满足不同企业的不同要求，CRM 在集成度方面也有不同的分类，可以分为 CRM 专项应用、CRM 整合应用和 CRM 企业集成应用。

从 CRM 在我国的应用来看，集成解决方案在未来将更受欢迎。通用型软件可能很快进入成熟期，行业最终客户对标准化产品的需求逐渐稳定，而企业客户对增值类产品和方案会有更强烈的需求。随着 ERP 等信息化系统在企业中的应用日益广泛，未来对 CRM 产品和方案中的集成功能会有迫切要求，以 CRM 为主，整合企业前后端业务系统的趋势会越来越明显。

二、CRM 在我国的发展机遇

1. 市场竞争使我国企业对 CRM 的需求凸显

过去我们的企业以产品为导向，由于生产力不足和产品短缺，供小于求，因此企业把主要精力放在扩大生产和满足社会需求上。随着我国改革开放步伐的加大，生产力不断发展，现在的产品已是供大于求。因此企业要生存，就要生产客户需要的产品，这就是以"客户为导向"的时代，客户对企业产品的需求决定了企业未来的命运。因此保持住已有的客户、发展新的客户、密切与客户联系并了解他们的新需求，决定今后新产品的开发方向，为未来做出科学预测等成了企业成败的关键。以客户为中心，并且逐步实现对客户的个性化服务，争取到尽量多的客户才能使企业发展。而 CRM 是一种解决"以客户为中心"的非常重要的系统和方法。

2. 市场竞争使得全球生产过剩和产品同质化

我国加入 WTO（世界贸易组织）后，企业不但要与国内其他企业竞争，而且要与国外的企业竞争。企业如何建立起竞争优势，保证企业长期、稳定地发展，是摆在企业管理者面前的重大课题。国外企业在 CRM 应用方面比我们有经验，而我国企业在这方面差距较大，要借助 CRM 在科学管理方面迎头赶上，提高企业运行效率，科学决策。

三、CRM 在我国的发展制约与企业应用误区

从 CRM 在国内的实施来看，虽然国内市场成长迅速，但也存在 CRM 实施成功率低，或实施效果不尽如人意的现实，这使很多企业在尝试 CRM 时感到彷徨。CRM 系统价格过高或行业定制化的不成熟使许多中小企业与 CRM 绝缘。我国企业的领导受传统观念的束缚对 CRM 重视不足，以及信息技术对企业文化等带来的冲击使先进的 CRM 系统在我国的企业中受到冷遇。在这里，我们将分析 CRM 在我国企业实施中遇到的主要障碍及导致 CRM 实施成功率低的一些原因，以期能从中获得一些启发。

1. CRM 实施存在盲目性

我国部分企业存在明显的决策随意性。有些企业准备实施 CRM，原因是企业的营销部门有人对计算机比较熟悉，看了一些关于企业信息化方面的书籍，认为公司应该应用一些软件促进企业的管理工作；市场部经理觉得 CRM 可以帮助他完成一些工作，便在会议上提出要实施 CRM 促进工作，营销公司总经理听了他的汇报也很感兴趣，决定马上选择一种软件开始实施。

我们必须清醒地认识到：CRM 系统并不是万能的。如果企业盲目引入 CRM，不但不会发挥预期的作用，可能还会使企业蒙受巨大的损失。企业要想获得更大的利润，就必须对不同客户采取不同的策略，CRM 则正是达到这一目的一个好帮手。目前，CRM 特别适合与客户交流频繁、客户支持要求高的行业，如银行、保险、房地产、电信、家电、民航、运输、证券、医疗、保健等行业。

在正式实施 CRM 之前，应该了解自身的哪些业务需要改善、哪些流程需要改进，甚至管理模式、战略目标也需要改变。这样就要对实施 CRM 的目的进行确认，不能是随便一说就开始选型。

2. 缺乏全面的业务规划

一个 CRM 项目需要负责 CRM 的管理人员对企业以客户为中心这一准则有清楚的认知并致力于实现它，这往往需要负责 CRM 的管理人员对业务情况非常清楚才能做到。可是，许多负责 CRM 的管理人员还没有真正了解问题，就将精力集中在解决方案上。成功的 CRM 解决方案能够使客户建立起面向整个企业的客户联系体系，但不少企业的 CRM 战略却仅仅注重某一方面或某一部门的单一 CRM 需求，不能从整个企业 CRM 需求的角度来进行全面的业务规划，导致企业 CRM 应用过于分散，难以获取最大收益。我们应该制定企业级 CRM 战略，在实施过程中重视部门间 CRM 应用的规划与协调。

3. 低估成本预算

许多企业经常低估 CRM 项目的成本。大部分实施 CRM 项目的公司都将成本低估了40% ~ 75%，许多企业仅仅计算 CRM 项目的短期成本和显著成本，而忘记了 CRM 实施后，企业客户使用 CRM 系统前的培训成本、企业对 CRM 系统的日常维护费用、系统中数据扩充的成本、系统不断升级的费用等。这些项目的成本数额也是巨大的。因此我们要放眼将来，对 CRM 项目进行全面的成本预算。这样才能确保投入巨资的 CRM 项目真正发挥效用。

4. 客户关系"私有化程度"带来的障碍

我国企业销售人员发展客户关系时，私人之交占的成分较大。私人关系其实是一个"双刃剑"，一方面企业希望员工能够同客户维持很好的私人关系，这样客户就可以通过员工同企业发生亲密的关系，大大提高企业和客户之间的沟通能力；另一方面，这种亲密关系又会使企业失去客户关系的控制权，从而或多或少被员工所"要挟"，比较难以管理。

那么这种较强的私人关系对我国企业的 CRM 实践影响如何呢？显然，一个可能的结果将是企业的销售人员觉得 CRM 的理念是"夸夸其谈"。因为在情感关系占主导的销售策略里，个人的"人脑"活动占有绝对的支配地位，而很大程度上减少了员工协作、数据共享等"合作"成分。"为什么我的关系要贡献给公司？""别人掌握了我的客户关系，我今后怎么做生意？"客户也变得只认某个人，不认企业，这样就很难称为企业在管理客户关系，倒不如说是员工在管理客户关系。这种文化现象导致企业人员对 CRM 的抵触是我国企业在 CRM 实践中所要正视的。

5. 人员能力和态度的影响

有效实施 CRM 关键靠人。CRM 实施和应用涉及的角色很多，每一个角色都有自己的认知和反应。就我国企业现状来看，对于准备或者正在实施 CRM 的企业，从高层、中层直到基层，对 CRM 的典型态度如下。

（1）高层：配合、只看到希望、什么都不懂却乱指挥。

（2）中层：消极、积极（某种原因）、恐惧、繁忙。

（3）基层：恐惧、消极对付、不理睬。

6. 将 CRM 引入有缺陷的业务流程

如果企业在实施 CRM 战略过程中不慎将自动化处理引入了存在缺陷的业务流程，那么，企业 CRM 系统的部署不但不能改善客户关系，甚至可能会恶化客户关系。因为这部分存在缺陷的业务流程处理效率的提高，实质上也就意味着缺陷出现频率的提高，无疑会进一步加重客户的不满情绪。因此我们在部署 CRM 的过程中，应将所有与客户相关的业务处理流程进行全面彻底的检查。针对计划引入自动化处理的业务流程，应考虑是否会受到相关技术部署的影响，抓住关键的无缺陷的环节，对存在缺陷或可能受到影响的环节进行调整与完善。

7. 对数据重要性认识不够

CRM 解决方案的核心技术就是基于不同时间、地点及需求，对企业的客户、产品、库存及交易数据进行及时准确的处理。CRM 系统的核心是数据，而不少企业恰恰对数据的重要性认识不够。企业对如何获取所需数据、如何对数据进行处理与优化、如何保证数据质量、需要哪些方面的第三方数据等问题缺乏正确的认识与把握，从而使企业的 CRM 系统投资难以获取应有的回报。因此我们也要制定确保数据质量的战略。

第二节　物流客户关系管理中的隐私问题

客户关系管理的目的是引入新的管理思想，利用新技术，为客户提供符合其需求的服务，通过改善企业与客户的关系，进而达到保障客户忠诚的目的。需要注意，客户关系管理涉及客户的某些信息，因此，客户隐私保护成为客户关系管理成功与否的关键。

一、确保客户隐私是客户关系管理的关键

如今，众多企业开始利用信息技术与客户建立良好的关系。但我们不得不面对这样一个现实：关系管理常常会涉及客户某些不愿公开的信息。网络调查表明，客户对自身隐私的顾虑会成为客户关系管理的瓶颈。

为此，一些客户对企业实施 CRM 的一些做法提出了疑问。例如，为什么企业要收集他们所有的数据，甚至包括子女的爱好？但客户也希望通过 CRM 的交互作用使自己的个性化要求得到满足。例如，某客户入住一家旅馆，他希望前台能知道他喜欢的房间的位置、喜欢享用的食品，但如果旅馆没有他的记录，这些个性化服务就无从谈起。

所以企业和客户要通过真诚沟通，确定哪些客户信息应该收集、哪些信息应该保护，以及哪些信息需要得到企业的重视但又不能被他人获取。

客户对个人隐私的关心已经成为企业客户关系管理必须充分重视的课题，企业与客户良好的关系是建立在充分保护客户隐私的基础之上的。

二、客户关系管理中客户隐私的保护方法

与客户建立良好关系需要企业充分重视客户的隐私，通过各种方法为客户创造一个良好、放心的消费环境。

1. 与客户建立长期关系

任何一个企业的商业目的都是明确的，即通过吸引客户、保证服务实现盈利。因此，企业的服务应是长期的而非短期的行为。从长远的、双赢的目标出发，与客户建立真诚、长期、稳固的关系才能保证企业长期盈利目标的实现。

2. 建立客户关系管理体系时要有一个确保客户隐私的明确声明

每个客户都希望企业为自己提供所需服务时保证自己的隐私信息不被滥用。因此，为了使客户打消顾虑，企业必须在使用客户信息时提供确保其隐私的明确声明，只有这样才能约束企业自身并确保客户信息得到良好保护。

3. 确保收集的是客户授权的信息

客户满意是各种服务的基础和最终目的。只有收集的是客户授权的信息并加以充分使用，才能一方面为客户提供良好的服务，保证企业的商业利益；另一方面获得客户的充分信任，建立企业与客户之间良好信任的关系。

4. 客户青睐并选择那些与之建立了良好关系的企业

客户选择服务商是基于人际交流的基本原则，良好的关系有助于提升企业在客户心目中的地位，提高客户的忠诚度。企业对客户友好，客户也会对企业"友好"。从现实来讲，客户总是青睐并选择那些与之建立良好关系的企业作为服务商。

5. 只收集与客户关系管理相关的客户信息

企业在实施客户关系管理的过程中，并非需要客户的全部信息。注意只收集与客户关系管理相关的信息，不仅可以提高客户关系管理效率，还可以避免对客户信息的滥用。目前，在客户关系管理中存在一种误解，那就是全面收集客户信息并加以分析使用。这种信息处理方式从系统论角度来说是不适合的，也是不经济、不可能的。

6. 听取客户的意见与建议，恰当使用客户隐私信息

客户满意是客户关系管理的目标。尽管客户与企业在收集和使用信息方面存在一定矛盾，但企业只要注意倾听客户的建议和意见，就能不断改善和提高客户关系管理水平。听取客户的意见有多种途径，如发放客户调查表等。当然，客户反馈的意见和

建议，也包括那些对客户自身信息使用的意见。

7. 严格禁止企业合作者滥用客户信息

企业合作者之间的客户信息共享可以提高企业服务水平。但需要注意的是，企业合作者若滥用客户信息，其后果与企业本身对客户信息滥用是一样的，都会导致客户流失，从而使客户关系管理失败。所以，禁止企业合作者滥用客户信息是企业不可忽视的责任。

8. 牢牢树立隐私保护意识

客户是企业的"上帝"，不注意保护客户的隐私，企业就会失去"上帝"的青睐，从而在激烈的市场竞争中处于劣势。企业在实行客户关系管理之初，就要牢牢树立保护客户隐私的意识。

综上所述，客户信息的恰当和充分利用，是客户关系管理的关键。企业对涉及客户隐私的信息给予足够保护，并能够合理使用，才能与客户建立真诚信任的关系，在激烈的市场竞争中不断巩固和扩大自己的客户群体。

虚拟号码与微笑面单

最近几年，移动互联网的快速发展给大家带来了全方位的体验。外卖更是成为堂食、做饭以外的第三种常规就餐方式。由于外卖下单时需要提供个人电话号码和住址，加上频发的信息泄露事件，如何保护客户隐私也成为行业与公众一直关注的焦点。美团、饿了么着眼于客户的"隐私"保护工作，相继表态并采取行动。

1. 虚拟号码

美团外卖和饿了么官方宣称，客户的手机号码将要被隐藏，商家和骑手只能通过服务商提供的临时生成的虚拟号码联系客户，订单结束后，虚拟号码自动作废，商家和骑手也无法获知客户的真实电话号码。美团相关负责人表示，启用"号码保护"之后，商家和骑手只能通过临时生成的虚拟号码联系客户（该服务由运营商提供），订单结束后，虚拟号码自动作废，商家和骑手也无法获知客户的真实电话号码，从技术上避免了客户信息的泄露风险。除了"号码保护"功能，美团还从技术上建立了全方位的纵深防御体系，通过数据加密、数据脱敏等多种隐私保护技术为客户的信息安全提供全方位保障。

通过对客户隐私的保护，送餐平台在互相竞争的道路上又多了一个新的领域，在日趋同质化的时代，对于消费者服务业在哪些领域能有所突破，是企业需要思考的。快速抓住需求并建立客户对企业的忠诚度或者创建需求，建立企业与客户之间创新性、个性化的交互，是未来企业构建核心竞争力的重点。

2. 微笑面单

随着互联网云数据库的构建和完善，个人的网络信息越来越趋于"裸奔"。快递单上的联系信息已成为不法分子眼中的"香饽饽"。生活越来越数据化进而透明化，如何守护个人信息，严防隐私"裸奔"？据悉，京东早在2016年6月就已经开始使用微笑面单（见图10-1），也就是利用技术手段从包裹生成时即部分隐藏客户的姓名和手机号信息，以"^_^"（笑脸）代替，用一种更为卖萌的方式覆盖了相关信息。为了让这项服务更加贴心，在试运营期间，京东还面向全国客户展开调研，针对客户希望隐藏的信息词段进行分析测试。

图10-1　微笑面单

京东表示，当时推行这项服务也是出于保护客户隐私的考虑。之前，通过快递单上显示的姓名、手机号、地址，基本可以还原出99%的个人信息。尤其是通过手机号，可以查到你绑定的微信、支付宝、QQ等社交网站账号，了解你的兴趣爱好、最近关注、家庭成员等。

此外，京东还研发了一款专门服务于配送员的App——京牛。配送员在站点收货时，扫描包裹上的条码，客户信息便被录入系统；配送员送货时，根据订单号找到客户包裹，只要点击"拨打电话"便可以联系客户。这意味着，之前有消费者担心的配送员会泄露客户信息的可能性也就减少了，从配送员侧也保护了客户的隐私信息。

据京东配送部终端服务负责人介绍，通过应用端发起请求，服务端回呼的方式完成通信，所有的通话都会经过京东的通信平台进行监管，并对呼叫结果（停机、关机、空号、未接）等进行记录，可以进一步有效管控和规范配送员的配送服务，确保客户体验。

目前，全国范围内许多快递公司都已经有了"微笑面单"的服务配置，像顺丰的"丰密面单"、圆通的"隐形面单"等。保护消费者的信息已经成为快递公司正在努力寻求的方向，而快递面单的改革正是各大快递公司进行信息保护革命的第一步！

第三节　物流客户关系管理与供应链管理

供应链是指在相互关联的业务流程及业务伙伴间所发生的，从产品设计到最终客户交付全过程中的物流和信息流。在供应链中，原材料和零部件的供应商、产品制造企业、运输和分销公司、零售企业及售后服务企业都成为向最终消费者提供产品和服务的供应链实体。而供应链管理就是使企业与其供应链中的其他企业协同工作、协同管理，以优化供应链，共同为客户提供优质的产品和服务，共同降低成本和库存，赢得市场。

从传统的供应链到新型电子商务供应链，都有一个不变的本质，那就是必须"以客户需求为中心"。因为所谓的供应链管理用一句话简单概括就是让客户在正确的时间、正确的地点、以最优的价位获得正确的产品。所以，今后市场竞争的关键，已转变为企业掌握客户需求并满足其需求的能力之间的竞争，也必然会体现为企业供应链之间的竞争。现在的企业要实施的供应链管理或对传统的供应链管理的更新，将集中在如何实现以需求为中心的"拉动式"供应链，必须朝着周转环节少、灵活性强、交易成本低的方向发展。从这个意义上讲，供应链管理才可能成为电子商务的基础构件，与 CRM 一起形成企业的核心支柱。

独立的供应链管理对于产品或服务的有效传递非常重要，但在产品差异化越来越小的今天，一个领先的制造商也许有能力在任一时间将大量产品投向市场，但是如果不能对个别客户的独特需求做出反应，不能结合客户的需求去设计乃至于在流通体系上改进产品，那么结果可能是大量产品积压在了仓库中。企业必须通过优化其流通网络与分销渠道、减少库存量、加快库存周转来改进他们的供应链。一句话，供应链管理不与客户关系管理进行整合，则必定走向失败和消亡。一方面表现在许多企业注重应用客户数据和信息技术系统来更新供应链管理；另一方面则表现在供应链管理对于客户关系的重视。传统的供应链中欠缺的正是制造商、分销商和客户之间的联系，有关客户需求的实时信息无法及时反馈回供应链，导致对客户反应的滞后，而借助先进的客户关系管理系统就有可能彻底改变这种现象。

供应链管理与 CRM 进行应用功能整合，能使企业有效地管理供应链，实现成本的节约和服务的改善，实质性地降低经营费用和成本，也能使企业有更多时间去关注客户及客户关系。二者的整合使得大规模定制成为可能，它在提高客户服务质量的同时，简化了整个需求判断的过程，企业只有提供那些能够符合客户特定需求的产品和服务才能获得长久的竞争优势。大规模定制能够充分了解、捕捉与满足客户的真正需求，根据客户的实际选择，按订单制造、交货，提高了生产效率，实现了一对一的直接联系，同时提高了客户的满意度和忠诚度，让企业盈利的机会大大增加。

供应链管理与 CRM 的应用将极大地增强企业的竞争能力。传统的企业希望进行市场的纵向集成，保持自给自足的状态，但供应链管理的发展让市场的横向联合成为大势所趋，企业的多数生产活动均开始采取外包模式，许多企业还考虑进一步将供应链转变成一个虚拟机构。但是，如果企业不能直接拥有市场需求、无法了解客户的需求或无法响应客户的需求，要么它的供应链缺乏信息沟通而呈现僵化趋势，要么它在供应链中只能处于无足轻重的地位。关键在于，这样的企业没有形成自己独特的核心竞争能力。新型的供应链管理与客户关系管理的整合能够削减总体成本，提高供应链效率与灵活性以及管理系统整体性能。

总之，供应链管理与客户关系管理的整合将真正实现企业实时响应客户需求，实现需求和供应链资源的优化配置，从而全面提升企业的核心竞争能力。企业因此会拥有一个与 CRM 集成的供应链，与供应链其他合作伙伴相比，它拥有更具竞争性的业务运作优势。

 案例阅读

海底捞全球首家智慧餐厅，打造全新升级就餐体验

很多人以为海底捞的核心竞争力是服务，对于餐饮行业，只有服务还远远不够。让客户复购的第一位因素永远是口味和品质。在这方面，海底捞的供应链几乎做到了极致，布局全产业链，保证口味和菜品质量。利用规模效应、降低原材料采购成本，是海底捞核心竞争力的第一维度。2018 年 10 月 28 日，海底捞首家智慧餐厅在北京开业。除了服务，食品安全问题一直困扰着餐饮业的发展，海底捞以此次的智慧餐厅给出了一个解决方案，也试图在解决食品安全问题的同时，用技术手段降低成本，提升效率。

海底捞智慧餐厅使用全新自主研发的 IKMS 系统（Intelligent Kitchen Management System，智慧厨房管理系统）实现厨房的综合管理。作为智慧厨房的智能大脑，IKMS 可以通过收集智慧厨房各个环节的数据，并对各项数据进行多维度的分析，实时监控厨房整体的运行状态、生产状况、库存状况、保质期状况等，对智慧厨房进行统一管理；结合机器学习和人工智能技术，实现生产管理流程化、自动化，库存管理智能化、精准化，生产数据信息化、可视化，以及对菜品全生命周期的监控，保证菜品质量。

在后厨，消费者通过 Pad 点餐下单后，与前台点餐系统连接的自动出菜机就通过机械臂从菜品仓库中开始配菜，并通过传送带把菜品送至传菜口，再由传菜机器人或

服务员将菜品送至相应的餐桌。在接到前台客户的点餐需求后，机械臂就会通过餐盘底部的 RFID 芯片从菜品仓库中抓取相应的菜开始配菜。但不同菜品所需要的储藏温度不同，有些菜品并不适合 0~4℃的低温，为了适应 0~4℃的全程冷链，这里的菜品全部是成品菜，经过全程 0~4℃的冷链物流由中央厨房运送至门店。据海底捞智慧门店技术负责人介绍，这样做的原因是将切菜、分装的环节提前至门店以外的中央厨房，尽量减少人工操作可能带来的食品安全问题。另外值得注意的是，全程 0~4℃冷链配送的说法其实并不完全严谨，在菜品进出仓库、装卸的过程中也会存在短暂的、不是 0~4℃的时间段，不过因为这一时间段较短，基本不会影响菜品质量。

餐饮个性化和口味定制化日趋成为年轻的消费主力军对饮食的新追求。海底捞智慧餐厅推出的"私人订制锅底"计划正满足了消费者个性化定制、私人专享的需求，可让客户吃到自己喜欢的专属火锅锅底。客户在 Pad 上点餐，对锅底的辣度、麻度、咸鲜度等进行选择后由配锅机配出，随后由传送机传出，由服务员上锅。当然，火锅底料中类似于番茄、香菇之类的干料还是由后厨工作人员添加。此外，在客户提交定制化锅底的需求后，系统会自动记录下这些需求，以后在其他海底捞门店用餐时，如果客户的口味没有变，就无须再次选择。

据海底捞首席技术官透露，标准化的小料也在尝试中。"上次调出的美味小料下次却无论如何也调不出了"，这是很多人在吃火锅时遇到的问题，因此海底捞在考虑生产搭配好的小料，将"好吃"标准化。

作为创新式的智慧餐厅，技术与场景的落地磨合、设想与客户的实际感受，都还有待在运营过程中不断检验，但全球首家智慧火锅餐厅的开业体现出海底捞在制造业与服务业跨界结合上的勇敢尝试，也是顺应餐饮行业消费升级环境下的革新。在科技和体验的双轮驱动下，凭借布局全产业链的"集团基础"与服务创新升级的相辅相成，为客户提供更优质的产品和全面升级的就餐体验。

课后复习

习题

1. 请谈谈互联网＋、工业 4.0、物联网、区块链等新技术对我国物流客户关系管理带来什么样的挑战和机遇。

2. 客户最关注的隐私信息有哪些？请通过问卷调查形式对物流客户隐私进行了解与整理。

3. 你认为基于客户关系管理的供应链构建原则应该包括哪些内容？

4. 你有哪些保护客户隐私的好方法？

 **案例阅读**

"互联网＋物流"：一场物流领域的变革创新

促进平台经济、共享经济健康成长，加快在各行业各领域推进"互联网＋"。作为行业转型的发展方向，"互联网＋物流"正在引发一场物流领域的革命。

传统、粗放的发展模式是物流低效率、低质量、高空驶率、高成本的根源。当前市场上有三类物流模式：传统配货站、物流信息平台及无车承运人平台。这三种模式不同程度地存在车源与货源之间信息不对称的问题。这三种模式都不介入运力交易环节，不对信息真实性、货物运输安全、运费结算等负责，也都不是议价交易平台，不能使货主持续获得最合理的运输价格，没有最大化解决返程利用率、智能调度问题。

如何解决当前物流行业信息化程度与效率"双低"、成本与空驶率"双高"的痛点？"互联网＋物流"是应对行业困境和促进企业降本增效的有效举措。然而，不同的企业也有着不同的探索模式。

苏宁物流最核心的优势是数字物流，有一整套数字化战略，未来会形成科技化战略发展的核心竞争力。苏宁的数字物流战略，第一个层级是将包含人、车、货、厂在内的整个物流要素的数字化；第二个层级是把业务可视化展示，可通过一些数据化的工具，看到所有订单的情况，如果订单发生异常，也可通过数据主动去推动预警；第三个层级是一套经营分析的数据模型，通过成本论证，发现并加强薄弱环节。

阿里巴巴集团组建的菜鸟物流，以新技术赋能物流企业，以建设国家智能物流骨干网为抓手，全力打造国内24小时必达网，以及"一带一路"沿线国家72小时必达网。

浙江传化集团旗下的传化物流是国内率先采用平台经营模式对行业转型升级提出系统解决方案的企业之一。早在2003年，传化物流就在全国首创"公路港物流服务平台"模式。截至目前，传化公路港城市物流中心已在全国100多个城市布局。

应对上述问题，根本解决方法还是要真正做到以人为本。同时进一步深入研究法规、标准等关键问题，推动相关法律法规不断完善；充分调动不同类型物流企业、无车承运人以及新型平台型企业的积极性，把货车司机纳入利益共同体，实现共建共治共享；协调铁、海、空等多式联运标准一体化，打通"最后一公里"，真正实现货畅其流、人尽其用、协调发展。

思考：

1. "互联网＋"给物流带来了哪些变化？物流企业应当如何应对这种变化？

2. 讨论一下未来5～10年物流行业还可能会出现哪些大的变化趋势，说说你的理由。